JN023528

超プロヒモ理論

浮いた家賃は
1000万、
寄生生活13年の
逃げきり幸福論

ふみくん

二見書房

はじめに　～ヒモのいいわけ～

得体の知れぬヒモの生態に関心を持っていただいたのか、はたまたなにかイジワルなことをいってやろうと思ったか。

その動機こそわかりませんが、この本を手に取り「はじめに」を開いていただいたわけですよね……。

この時点で（時間のあり余る）僕は一人一人とカンパイしたいほど、ありがたいやら気恥ずかしいやら、かたじけない気持ちでいっぱいです。

いずれにせよ、なにかしら興味を持ち目に留めていただいたことには感謝しかありません。

感謝をしているからこそ、読み進めるまえに本全体のいいわけをさせていただきたいです。

この本はザックリいうと、

「なぜ僕がヒモ生活を送れているか」

「ヒモは恋愛や人間関係や仕事や社会をどう考えているのか」について、これまでの生活や半生的なものまで引っぱり出し、持論を展開したエッセイです。

一般的にこのような読みものは「なにか大きなことを成し遂げた」人物が書いてこそ含蓄があるというもの。ですが、この本の著者はなにも成し遂げていません。

書店に置かれているどの本よりも「なにも生産的なことをしてこなかったやつが書いた本」であることに間違いはありません。それでも、あまりに生産性がないにもかかわらずいまなんとか生きているからこそいえることもあると信じてこの本を書きました。

タイトルも、いま一度確認してください。

『超プロヒモ理論　浮いた家賃は1000万、寄生生活13年の逃げきり幸福論』です。

いかにも恋愛でのコミュニケーション術やヒモになるためのノウハウが書かれていそうですが、この本はノウハウ本ではありません。

飼い主の見極め方や恋愛の悩み相談こそ書いていますが……「はじめに」をいいわけに使うヒモがモテるわけないのです。

「ヒモのくせに！」「うるせえ！　働け！」「早稲田まで出してもらったのに何事だ！」といった感想を持たれる方も多いと思います。

どんな感想を持っていただいてももちろんかまいませんし、いいわけもとどまるところを知りませんが……これには別の思惑もあります。

タイトルに「逃げきり幸福論」とあるとおり、僕はここまで目先のすべての選択肢を「楽か楽じゃないか」のみで判断、嫌なことすべてから逃げつづけいまも寄生生活を送っているヒモです。

同棲相手の下の立場へ潜りに潜りこみ、胞子菌のようにパラサイトをくりかえしてきた僕はもとよりプライドも皆無。

本を書いた主なモチベーションは「こんな情けないやつでも生きてるんだから自分は大丈夫！」と思っていただくことにあるのです。

「逃げきり幸福論」とはずいぶん大げさですが、僕も書くからにはあの手この手のハッタリを駆使し、「思うところある」内容に仕上げたつもりです。

なにか一文でも発見があれば都合よく解釈し、明日の辛い登校や出社をサボるきっかけにしていただけたら嬉しいです。

目次

Chapter 1

職業、プロヒモ。謎の生態があきらかに

Chapter 2

プロヒモになった3つの理由

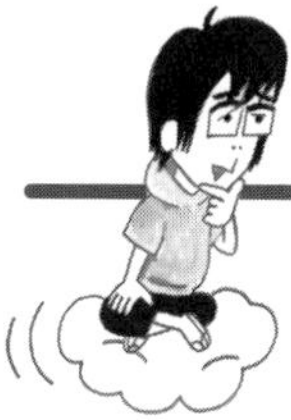

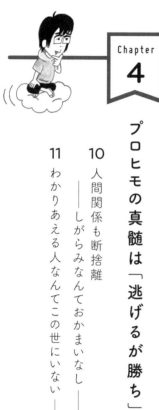

Chapter 5
得意不得意を見きわめるプロヒモ流仕事論

Chapter 6
プロヒモが従うのは自分の価値基準

Chapter

1

職業、プロヒモ。
謎の生態があきらかに

1
プロヒモとはなに？自分でもよくわからない

浮かせた家賃は1000万円超。衣服などの生活必需品から仕事で使うパソコン、ゲーム機の娯楽品に至るまで、そのほとんどは女性からのもらいもの。

僕は人生で一度も会社に勤めたことがなく、早稲田大学在学中からこれまでずっと女性に助けられて生きながらえてきた「ヒモ」です。

しかも「お前の生活態度はクズだから特集を組もう」と知り合いのライターさんにいわれてはじめて「ヒモ」を自覚したので、いわば「ナチュラルボーンヒモ」、よりタチの悪いヒモでもあるのでしょう。

そのライターさんが書いてくれた僕のヒモ生活の記事がＹａｈｏｏ！ニュースで発表され、どんな罵詈雑言が浴びせられているのか、おそるおそるコメント欄をのぞいたら、

「こいつはヒモとは呼べない」

「これは主夫」

など、予想に反して肯定的なコメントが多く、僕はますます自分が何者なのか混乱することになりました。

ヒモになった経緯やなぜ彼女が変わってもヒモ生活を送ることができるのか、これまでの例も出しつつ長い自己紹介をしようと考えているのですが……。

そもそも「ヒモ」とは、「プロヒモ」とはいったいなんでしょうか?

まずは「ヒモ（僕の場合）」の定義から

大前提としてこの本における「ヒモ（僕の場合）」を定義することにします。

大辞林第三版によれば「ヒモ」とは、

女を働かせ金品をみつがせている情夫を俗にいう語

だそうです。

僕は「同棲する彼女の給料で家賃を払って借りる家」に転がりこんで生きています。

彼女との外食でのお会計のときにも、僕は「ワォン！」と電子マネーの決済音をまねることしかしません。

たしかに僕は辞書的な意味の「ヒモ」にあてはまるような気もします。

しかしややこしいのは、僕が世間一般のイメージ、たとえば同棲している女性からむしりとったお金をギャンブルに使い、あげくダークネスな商売に突きおとす……といったヒモではないことです。

「お金をくれ」

「貢いでほしい」

などといったことも一度もありません。正直に白状すれば借金は頻繁にしますが、ライター業を細々とこなすことで自分のおこづかいは自分で稼いでいます。

「これは主夫」のコメントのとおり、朝・晩の食事はもちろん、彼女がお昼に会社で食べるお弁当も作ります。掃除・洗濯の家事のほか、駅までのお見送りやお迎え、会社での愚痴を聞くことも僕の日課です。

そのような行動だけを見れば、たしかに主夫のようにも思えますが、結婚をしたことは一度もないので（いまのところは）主夫でもないでしょう（専門的に家事をやる人に対し、なぜ性別を強調するような名前をつけるのかもわからないので、正直主夫と呼ばれることにも違和感をおぼえています)。

また主夫とちがい、「ヒモ」は職業ではありません。彼氏のいち「状態」であるように思います。

なので、正確に僕を表現するとこのようになります。

〝同棲をしたうえで、女性が働くかたわら家事で彼女をサポートすることを得意とし、屋根・壁代を払わずにすんでいる彼氏〟

ここでは、そういった状態の彼氏(僕)を「ヒモ」と定義することにします。

不当に得をしている＝ヒモ

また、自分自身をヒモ状態であると説明することにも合点がいっています。「ヒモ」という言葉自体に「不当に得をしている」イメージがついているからです。

家賃・光熱費といった生きるうえで絶対に必要となるお金をこれまでずっと払わずに済んできたほか、彼女と買い物に行った際には服を試着するたびに、「買ってあげようか？」ときかれるシーンを切りとって見ても、やっぱり普通の「彼氏彼女」の関係ではなく、僕が「ヒモ状態」であることがわかります。

ときに「私のお金で海外留学するか？」なんて血迷った提案をされることもありますが、いずれの場合も僕は極力拒否をします。

それはやはり、

「ヒモの僕がいうのもおかしな話だが、お金の使い方を考えてくれ！　エコノミーな僕を長く飼ってくれ！」

と強く思っているからです。

まったく苦に思わない家事をやることで会社に行かずにすむうえ、生きるうえでの必要経費がかからずに生活できてしまえることは、やっぱり少しズルい生き方であるという自覚はあります。

なぜヒモの「プロ」なのか？

それでは、「プロヒモ」とはどういうことでしょうか。

「プロヒモ」に対し「アマヒモ」がいるわけでもありません。「これまでとは一味ちがうヒモだぜ！」と強調したかった理由による造語にほかなりませんが、なにが「一味ちがう」のでしょうか。

僕は、「当方ボーカル、それ以外募集」と音楽になにも造詣がないのにもかかわらず武道館でのライブを夢にかかげたり、パチスロに行ったりすることが日課のイケメンでもありません。

みなさんが想像されるテンプレートなヒモ像とも異なりますが、それは別に「プロ」と呼ぶための材料にはならなそうです。

ヒモは一人の女性に「ベタ惚れ」させ、切っても切れないドロドロした関係のなかで女性に養われているような印象があるかもしれませんが、僕は彼女を何度変えてもその女性の家に転がりこみつづけることに成功してきました。

それだけ「モテる」といいたいわけではありません。

何度も経由してきたということは、それだけ「フラれてきた」ことも意味するのです。

最後は「お前との未来が見えない」「待てども待てどもお前は会社に勤めない」と結構あっさりと関係は終わってきました。

それでも飼ってくれそうな女性を見きわめ、その人の家に寄生しつづける努力だけは惜しまなかったことで、次の飼い主がまえの飼い主の家まで車で僕を迎えにきたこともあります（まるでペットの引きわたしと変わりません）。

さらには浮かせたお金の額にも「プロ」が見いだせるかもしれません。

女性の家によっても異なりますが、家賃は6万〜22万といったところでしょうか。プラス光熱費と食費が13年分浮いた計算になります。これまでの寄生先を順に並べると、こんな感じです。

1軒目	所沢のマンション	家賃7万円
2軒目	明大前の木造アパート	家賃6万円
3軒目	勝どきタワマン	家賃22万円
4軒目	上野のマンション	家賃12万円
5軒目	松戸のマンション	家賃8万円
6軒目	中野のアパート	家賃6万円

紆余曲折あり、いまは沖縄の家賃7万円のマンションに住んでいます。光熱費をふくめ平均約10万円が毎月浮いたとして、12ヶ月が13年なので……、

10万円×156ヶ月＝1560万円くらいでしょうか。

これ、ひと財産ですよね。

とはいえ具体的な家賃を聞いたことも、金額を数えていたわけでもありません。

取材のときに初めて計算し、だれよりも自分が一番驚きました。

そんな金額、口座にマックスで20万しか入ったことがない僕からしてみれば天文学的な数字です。ゲームやテレビ番組以外で見たことがありません。

他人事のようですが、僕自身「プロヒモ」とはなんなのかわかっていません。

理解してもらいやすいように自称していますが、僕は「ヒモ界で天下をとってやる！」なんて誓ったおぼえもありません。

自分自身「ヒモの強い版」くらいにしかとらえていないのです。

2

ヒモの1日は……毎日「予定は未定」

得体の知れぬヒモは、どんな1日を送っているのでしょうか。

朝　7時　起床、朝ごはん・お弁当の用意。お見送り
10時　洗濯、掃除終了。喫茶店に向かう
昼　12時　2時間いると店員の目が怖いので、喫茶店をはしご
夕　16時　スーパーに買いだし
17時　晩御飯の支度
夜　18時　ランニング
20時　彼女帰宅。晩御飯、あと片づけ
21時　お風呂・明日のお弁当の仕込み
22時　就寝。寝つきが悪い場合はゲームやパソコンに興じる
深夜24時　本当に今度こそ寝る

こう見ると、なるほど主夫と呼ばれる理由もわかりますし、規則正しい毎日を送っているようにも見えますが、彼女の規則正しい生活に合わせた結果そう見えているだけです。

ヒモの朝は早い

正確にいえば、ヒモの起床時間は7時よりももう少し早いです。

具体的な時間こそ決まっていませんが、ヒモの1日は「彼女より早く起きる」「彼女を起こさない」ことからはじまります。

この理由は、いっしょに起床してから

朝ごはんやお弁当を作るよりも「ポイントが高いから」です。

同棲相手（ヒモ）が自分よりも朝早くに起きて自分のために生産的なことをしていたら、嬉しいやら後ろめたいやらといった印象を持つでしょう。このポイント加算こそ、持続した寄生生活を可能にする秘訣なのです。

よくよく考えれば実家で親がしてくれたことと変わりませんが、同棲相手が実行しているからこそ「かたじけない」と思わせることができ、「ペットを逃してはいけない」と相手を洗脳し、生活に溶けこむことができるのです。

ヒモお手製「忙しいながらも自炊もちゃんとする女の子」弁当

お弁当のおかずは前日から仕込んでいたものに火をとおすだけ。朝作るのは卵焼きだけなので、実質20分もかかりません。

もっといえば、ヒモの作るお弁当は「手間がかかっていないように見せる」こともポイントのひとつです。

彼女には、あくまでも〝自分でお弁当を作っている設定〟をつらぬかせています。

彼女にとってヒモを飼っていることは、会社に公言したくない事実だからです。

いわゆるキャラ弁なんてもってのほか。あえて冷凍食品を織りまぜるヒモのお弁当は、「忙しいながらも自炊もちゃんとする女の子」を職場でアピールできることに注力した作りになっています。

また、炭水化物の摂取をおさえるために卵焼きでお米のスペースを削る工夫なども欠かしません。

お弁当を作る際には、朝ごはんもいっしょに作ってしまいます。女性によって好みは異なりますが、いまの彼女はパン派なのでホットサンドやフレンチトーストなどを用意することが多いです。

菓子パンやトーストを出すだけでもいいのですが、女性の朝は準備に時間がかかるため、あえて手間がかかっている風を演出します。彼女が化粧をしていたりスマホでSNSをチェックしている間に、朝ごはんとお弁当ができあがっていることに「忠犬としての優秀さ」を見いだしてもらうのがヒモの朝といえるでしょう。

「近くのコンビニに売っている○○を朝ごはんに食べたい」

これは僕にとってボーナスステージです。コンビニと家をダッシュで往復して息を切らす僕に、彼女がおつりをくれる可能性が非常に高いからです。

ヒモ生活の真骨頂。約半日の自由時間

彼女を会社近くや駅近くまで見送る時間はだいたい8時半ごろ。

このあとも掃除や洗濯、買いだし、晩ご飯の準備もありますが……相手は一人の女性です。部屋も広くありません。これらの家事はすべて3時間以内におさまります。

ヒモ生活で強調すべきポイントは、彼女の帰宅する20時までの約半日、少なく見積もっても1日のうち9時間が自由時間であることです。

喫茶店に行ったりランニングをしたりする日もありますが、決められた場所に決められた時間に行く必要は僕にはありません。お見送りで彼女に手を振っているとき、「今日はなにをしようか」と考えられることにこそヒモ生活の醍醐味があります。

おこづかい稼ぎの手段であるライターの仕事が楽しくなり1日喫茶店にこもって記事を書いていることもあれば、ランニングをしてどこまで行けるのか試す日もあります。

「気がついたら1日なにもせずに終わっていた」なんて日も珍しくありません。

帰宅する彼女をお迎え

20時ごろ、彼女を会社の近くまでお迎えに行ったあと、今日はどんな日だったかを彼女に話してもらいます。ほめられたのならさらに強くほめ、怒られたのなら、「伸び代があるってことじゃない」なんてポジティブな言葉をかけたり、彼女の代わりに僕が会社の悪口をいったりします。

基本的に彼女のいうことには全肯定。お説教なんて野暮なことをしないのは、いい彼氏（ヒモ）を演出する目的もありますが、もとより僕は会社に勤めたことがないので具体的なお説教ができないということもあります。

もっといえば、ヒモはへりくだることへのためらいや、男としてのプライドなんてものも持っていません。

彼女の食べたいご飯を察するのも得意技です。日中にLINEで引きだした「和食」や「麺類」といった漠然としたキーワードから推理し、帰宅直後に食べられる状態にし

ておきます。
このとき次の日のお弁当の仕込みもすでに済ませているため、皿洗いが終わってから寝るまでの間はふたたび自由時間となります。

「毎日そんなに暇な時間があったらもっといろいろなことができる」と思われるかもしれませんが、そんな明確な目的意識を持っているのなら、ハナからヒモになどなってはいないでしょう。

3 なぜヒモ生活を送れるのか。〝アブノーマル〟な恋愛様式

どうして僕はヒモ生活を送ることができるのでしょうか。

この生活を長年つづけてこられたものの、モテた経験はこれまでいっさいありません。ひと昔まえには、モテる男性の基準として「三高＝高学歴・高身長・高収入」がもてはやされていました。

比較的簡単に入れるといわれている学部とはいえ、僕はいちおう早稲田大学を卒業しました。しかし、そのことがいまなにかに直接活かされているわけではありません。

身長なんてサバを読んで163センチです。いま財布のなかを見たら400円とちょっとしか入っていませんでした。

昔からメガネをかけていますし、小学校のころには体重が80キロもありました。チビ、デブ、メガネをコンプリートした僕は、単身で「なんちゃらズッコケ組」のコンプレックスをすべてかね備えていたのです。

もちろんイケメンでもありません。いまも昔もゲームばかりやっています。自分で自分の特徴をならべておいて悲しくなってきましたが、女性にモテる要素は皆無といって間違いありません。みなさんが想像するヒモ像から一番遠いイメージに僕は位置していると思っていいでしょう。

極論だれでもいい。究極の悟り型恋愛

そのため僕は、「どうして（お前みたいなチンチクリンが）ヒモ生活を送れるのか」とたずねられることも多いのですが、「自分のことを好きになる可能性をもった」女性の気配を感じとる嗅覚がとぎすまされ、その気《け》がある女性だけにすり寄り、甘えてきたからこそ、ヒモ生活がつづけられてきたのです。

多くの方がここで疑問に思われることとして、

「好意さえ持っていれば相手はだれでもいいのか」

という点ではないでしょうか。

結論から先にいうと、極論僕のことを好きになってくれるのであれば、性別や国籍、年齢を越えても僕は相手のことを好きになる自信があります。

あえて僕が好きな女性のタイプをあげるなら、

「僕のことを好きになってくれる人、そのうえで一人暮らしをしている人」です。

自分から好きになりそうな女性こそ、恋愛対象外でもあるのです。

まず、僕のことを好きな人がいて、その人に自分のできることを尽くす↓その人は僕をかわいがる↓そのお返しでもっと尽くすうちにその人に好意を抱く……。

「この関係性が心地よい」という結論に達した僕は気がついたらヒモになっていました。

「僕はあなたよりも自分のことが好きです」

僕はいつだって自分のことが世界で一番かわいいし大好きです。

だからこそ、寄生するまえに必ず先にお伝えしておく言葉があります。

「僕はあなたよりも自分のことが好きなヒモだがそれでもいいか？」

こんな僕でもこれが自分勝手なことくらいはわかっています。

しかし、僕のことを好きになってくれた女性に甘えたおして労力やお金を使わせすぎることは、僕が依存しているようで実は相手の執着や依存感情を生みだす結果につながることもあるのです。

せっかく僕のことを好きになってくれた人に苦しみは味わってほしくないので、

「ヒモだし、僕は自分のことが好きだけどいい？」

と確認を取ったあとには、

「だからあなたも自分のことを一番好きでいてくださいね」

とつけ加えるようにしています。

そうでないと先ゆき不透明なヒモを飼わせる以上に人間関係としてフェアでない気がしますし、自分だけが楽しくてもいっしょに生活する以上は相手も楽しくないと結局うまくいかないと考えています。

もちろん、楽しくなければすぐに追い出されてしまうので、長く家にパラサイトする目的を叶えるためにも両者が楽しくいられることは僕のヒモ生活における大前提です。

「カワイイ女の子」じゃなくて「カワイイ」といってくれる女の子

僕が女性のどこを観察して自分のことを好きになってくれる（飼い主になる）可能性を見いだしているか。ヒモならではの脈あり・なし判断基準を紹介します。

男性なら女性の好意がどこに表面化されるのかは知っておいて損はないと思いますし、女性であればこの先厄介ごとを回避できるかもしれません。

ずばり、自分のことを好きになってくれる可能性のある人とは、自分のことを「カワイイ」といってくれる（思ってくれる）人です。

判断基準はこれだけです。

雑誌なんかで特集されるような、細かなチェック項目はありません。

実は「カッコいい！」や「スゴい！」は、それだけでは好意があるかどうか判別できません。少なくとも家に巣食える見こみはうすいと考えるので、ヒモとしてはNGです。

なぜヒモは「カワイイ」といってくれる女性に巣食える可能性を見つけているのか。

まず、女性にとって「カッコいい」という言葉は「カワイイ」と比較したとき、それほど大事な言葉ではなく、心がそこになくても発することのできる「使い勝手のよいほめ言葉である」とにらんでいます。

正確にいえば、カッコよくないものにカッコいいとほめることはあるでしょうが、カワイくないものに対してカワイイとはいわないはず。

それに「カッコいい」とほめられてうれしくない男性なんてそうそういません。だからこそその場を〝やり過ごす〟ためにも使われますし、仮にあなたが面倒なカッコつけた演出を行った場合にも「カッコいい」というほかないのです。

これこそが、「カッコいい」だけでは好意があるかどうかの基準にならないと僕が考える理由です。

それに対して「カワイイ」は年齢関係なく多くの女性にとって大事な言葉である場合が多く、あなたに寄り添っていないかぎりは使われない言葉であると考えています。

「カワイイ」=「好意」と断言することはできませんが、少なくともこの言葉が出た時点で親しみは持たれていると判断してきました。

また、なにかをカワイイと形容することは、どこか自分より格下に見ているニュアンスもふくまれています。

たとえば猫です。ブサイクな猫、デブな猫もカワイイのだから無敵のカワイイさをもっています。カワイイと思われ、養われることを目的に進化をとげたとしか思えません。

しかし、猫をカワイイと思う理由は姿だけではありません。

自分よりも弱いことを潜在的に知っているからこそ、カワイイのだと思います。

障子を破ろうが壁で爪とぎをしようが、それすらカワイイのは本気を出せば勝てることがわかっているからでしょう。

つまるところ、「カワイイ」と発した時点でその女性は僕に寄りそう気持ちを持っている可能性が高く、そのうえで女性より立場が弱いと思われることにも成功しているのです。

「カワイイといってくれる」「自分より格下と思われている」の2つがそろえば、ヒモからしてみればこれはもう「見こみあり！」なのです。もちろんすべてのケースに当てはまるわけではありませんが、その女性は僕が下へ下へと潜りこんでいけるポテンシャルが相当に高いことを意味しています。

弱点が「カワイイ」になる

カワイイとは、決して見た目だけの話ではありません。

「カワイイ」を一言で定義することはできませんが、ここでは「カッコイイ」の逆くらいにとらえてください。というのも、カワイイとは下に見られるニュアンスもふくむといったとおりで、ときとして一般的なウイークポイントですらカワイイに昇華することがあるからです。

太っているのなら「ぽっこりしたお腹がカワイイ」、身長が小さいのなら「マスコットキャラみたいでカワイイ」といった具合でしょうか。

では、ウイークポイントを「カワイイ」に昇華させるにはなにが必要なのか。

これも簡単です。「カッコつけないこと」です。

コンプレックスもふくめ、自分のありのままの姿を見せることが肝心です。

おしゃべりの途中で会話がとぎれてしまったのなら、無理に話題を探したあげく自分が明るい分野の話を持ちだして相手の女性が引くほどマシンガントークを展開するよりも、

「おしゃべりの話題がなくて、気まずくなることに僕は焦りを感じているようなんだけど、気まずくならないようにいっしょに会話をがんばってくれないか」

とストレートに伝えた方がまぬけに見えるので、カッコつけるよりも親しみを持ってもらえると思います。

少なくとも憎めないやつにはなれるはずですし、なかには「カワイイ」と思ってくれる人もいるのです。

ユーモアも別にいりません。

「女の子のまえだとあがってどもっちゃうんだけど」

「目を見てしゃべれないんだけど」

こんな緊張も、そのままいってしまえばいいんです。まぬけに見えます。

本心をさらけ出すこととまぬけなことは表裏一体ですし、だからこそ親しみを持ってもらうための一歩にもつながるのです。

金を持っていなくても僕の株は下がらない

カッコつけることは存在しない魅力をパテで塗り固めるような行為であり、あなたの持っていない長所を瞬間的に作りだすことと変わりません。ときに「無理してカッコつけるところに惹かれた」なんて話も聞きますが、「無理してカッコつけるところに（カワイさを見つけて）惹かれた」が省略されているように思います。

また、ヒモからいわせてもらえば、一度「カッコいい」なんて思われてしまったらそのハードルは上がっていく一方なので、その点でもNGです。ホテルで高級ディナーの翌週、安居酒屋で発泡酒は許されません。

お金が無尽蔵にあるのなら話は変わってきますが、一度背伸びをしたタイミングで好意をもたれてしまえば、素をさらけだすタイミングもつかみ損ねてしまうかもしれません。

その点、はじめから格下に思われている「カワイイ」は株価なんてもともとあってないようなものですし、マイナスからのスタートなので、加算ポイントがあれば価値は上がる一方です。

僕に「男性的に求められる頼りがい」が見いだせなかった瞬間に去っていく女性もいます。

しかし、もとより無理をするのであれば、どうせ今後の関係性においても無理しつづけるので、楽しい関係には至らないでしょう。

それに、どんなにカッコつけたところで女性は簡単に見抜きます。それならばプライドまかせにカッコつけるよりも、はじめからさらけだしてしまった方がのちのち良好な関係を築けそうでもあります。

だからこそ、「カワイイ女の子」ではなく「カワイイといってくれる女の子」なのです。

同棲してから好意をふくらませる

僕は一般的にいわれる恋愛のプロセスとは逆の方向をたどっています。

「カワイイと思った相手を好きになり関係を築き、ある程度時が経ってから同棲する」のではなく、「自分のことをカワイイと思ってくれる相手の家に転がりこんでから関係を築く」というものです。

このプロセスには違和感をおぼえる人もいるでしょうし、相手の恋愛感情を逆手にとり「屋根・壁」などの物理的な恩恵を受けとる構図に不誠実さを感じる人もいるでしょう。


しかしここで勘ちがいしてほしくないのは、僕のヒモ生活は、

「家事をやるから家を保証してくれ」

といった無機質なギブアンドテイクの精神のみで成りたっていないことです。

「自分のことを好きになってくれる人のことを好きになる自信がある」

という言葉のとおり、僕は付き合ってヒモになってから相手への好意をだんだんとふくらませてきました。


それでも「同棲してから好きになる」とはやっぱりおかしい話に聞こえるかもしれません。


ここまではっきり「好きになる自信がある」といいきれるのはなぜなのでしょうか。

「好きな人ありき」ではなく、自分のことを好きになってくれる人がいることをスター

ト地点に置いていることは、本来関係性のはじめにあるはずの「自分自身の好き」という感情を重要視していないともいえます。

そもそも僕は自分自身の直感めいた「好き」を信用していません。だれを好きになるかではなく、同棲した人物とどう向きあっていくべきか、その過程こそを重要視しているのです。

「そんな偉そうなこといって、ヒモ生活を送れるならだれでもいいんでしょ」

なんてツッコミも聞こえてきます。

正直なところ、はじめはそうだったように思います。

家賃を払わなくても許される楽な生活が送れることに越したことはないですし、自分のことが大好きな僕は、僕のことを好きになってくれる人がタイプですので、その時点で相手の容姿や性格、年齢問わず「いいな!」と思ってしまえるのです。

つまり、これまでのヒモ生活はすべて、

「なんかいい人そうだからとりあえず付き合ってみることにした」

くらいのノリで家に転がりこんできたことは嘘じゃありません。

しかし、転がりこみ、巣食う過程で好意がふくらんでいったこともまた事実です。

ヒモ状態のキーワードは連泊

相手の家に泊まるだけではヒモにはなりませんし、なにかプレゼントをもらっただけでもヒモとは呼べません。

お付き合いのまえに「ヒモだけど大丈夫か？」と確認こそ取りますが、契約書を交わすわけでもないのでその確認だって口約束にすぎません。

つまり、ヒモ状態かそうでないかの間には、明確な線引きは存在しないように思います。

〝家賃が発生しないとおかしくないほどに連泊しているのにもかかわらず家賃が免除されている状態〟をもって僕の場合は「ヒモ」としている気がします。

ここでのキーワードは「連泊」です。

いかにして連泊をするか、家の合鍵をもらえるか……がヒモ生活の課題でもあります。

一言でいえば、その人の生活の一部にぼんやりと溶けこみ、気がついたら部屋に居る「なにか」になっていることが肝なのですが、相手はさまざまですし、生活スタイルだって人それぞれ。

そのつどパラサイトするには試行錯誤が必要なのです。

第一の手段は料理です。

高校時代からお弁当を自分で作っていたこともあり、たいていのリクエストに応えることができます。

「男心をつかむには胃袋をつかめ」なんていいますが、性別は関係ありません。女性だって料理が面倒な人はいますし、あと片づけとなれば好きな人はまずいません。

料理が苦手な人の家で連泊をもくろむとなれば……初日にご飯をふるまったあと、

「じゃあ、明日は洋食or中華or和食を作らせてよ（半永久的にここに住まわせろ）」

料理が得意な人であれば、

「じゃあ、明日は作ってよ！　食べてみたい！（半永久的にここに住まわせろ）」

とあと片づけをしながら2日目の宿泊予定をあの手この手で外堀から埋めて連泊の準備を整えていくわけです。

気づけば頭は相手のことでいっぱいに

ゲスな思考ですが、いかにすれば連泊できるかを考えることは、実はおのずとその人のことを考える時間が増えるということでもあるのです。

カロリー、添加物、普段の食の好み、家庭的なメニューがいいのか、いわゆる「オトコメシ」のような普段はあまり食べないものがいいのか。

2日目がカレーなら、3日目はカレードリアにもカレーうどんにも転生できます。

翌日の朝まで考えると、材料を使いきってしまわない食材の方が都合はいいでしょう。体調はどうだったか、最後に食べたものはなにか……。

これまでの会話やいっしょに観た映画、ＹｏｕＴｕｂｅにもヒントがあるかもしれません。

とにかく、連泊のためなら余念はありません。全力で連泊を成功させつづける「正解メシ」を探しにいきます。

グウタラしていたら女性も「部屋になにかよくわからないものが1匹巣食っている」ことに違和感と不快感をおぼえるでしょう。

……が、気がついたらご飯が用意され、いつのまにかあと片づけが終わっている。そういえば昼飯の弁当も持たされている……となれば、「こいつは益虫なのではないか？」とどこかで認識（誤認）してくれ、ヒモ生活になだれこむことができるのです。

鍵を手に入れた瞬間は「新しい住処を手に入れてやったぜ！」という気持ちもありますが、実はそのときにはすでに相手のことばかりを考えるようになっています。

「なんかいいかも」くらいではじまったヒモ生活ですが、生活を維持しつづけるにはつねに相手のことを考える必要があります。

僕が相手のことを好きになる自信があるとお伝えしたのは、このような理由からです。「卵が先か鶏が先か」ではありませんが……ヒモの僕は結果としてこのような考えに至りました。

とはいえ、恋愛関係のどこに重きをおくかなんて人によりけりです。だれをどんな理由で好きになろうと自由です。

もちろん、お付き合いに直感を大事にする人のことを否定するわけでもありません。であれば、「同棲してから相手を好きになる」「あなたがこういう人なら私はこういうふうにする」といった具合に、関係性をどう育んでいくかに重きをおいたお付き合いだって許されるのではないでしょうか。

彼氏「＋α」の価値で家にしがみつく

相手を変えてもヒモ生活をつづけるための料理以外の手段は、相手によって僕自身のあり方をちょっとずつ変容させることです。

相手の生活に自分をなじませていくヒモのスタンスはよくいえば「柔軟性」、悪くいえば「胞子菌」のようでもあります。

僕は家事を苦に思ったことがありませんし、家事は屋根・壁代くらいにとらえているので僕のヒモ生活では大前提です。

しかし、家事だけを求めているのであれば家事代行サービスをたのむ選択肢もありますしいろんなお店の料理が宅配されるサービスも整っているいま、わざわざヒモを飼う必要はありません。

女性の一人暮らしの部屋、プライベート空間に人一人余分にスペースを割いてもらってまでその家に居つくためには「飼うに値する」と相手に認識（誤認）させる必要があります。

この必要とされているあり方は相手によってさまざまです。

家主の意向を反映させた家事

大学時代の後輩の場合は、同じキャンパスに通っていたこと、キャンパスと部屋までの距離が近かったことから必然的に連泊をするようになっていきました。

もちろん、このときは自分のことをヒモとして意識していませんが、僕はこの同棲生活から今後のヒモ生活の土台となる「観察眼」や「汲みとる力」を養いました。

連泊をしていると、付き合っていようがいまいが相手の一人の時間を奪うことに居心地の悪さをおぼえるようになります。

「なにか連泊をするに値する理由を作らなければならない」

と感じた僕はひたすら料理を作ることに執心、彼氏兼「コック」となることで自分自身に付加価値を与える作戦に出ました。

「大学生の一人暮らし、半自動的に料理が出てくることに喜んでもらえれば僕も居心地が悪くないし、同棲相手にとっても都合がいい。そんな人物は連泊させるに値する」と認識してもらおうと考えたのです。

僕はわずかなメッセージから相手の食べたい料理を導きだすことが得意なのですが、それはこのときの同棲相手が多くを語らない性格であったことから学んだ経験であるように思います。

たとえば、ある日晩ご飯のリクエストをたずねた際、「野菜」とひと言だけメッセージが返ってきました。

「野菜」とは……サラダのことではないのです。

そう読みとく根拠は、「野菜」とは別に「ザッハトルテ」というリクエストを受け取っていたことがヒントとなりました。

「ザッハトルテ」から、彼女がリクエストを投げてくる角度の傾向がつかめたのです。

①食べたいものが決まっている場合には、一般的に晩ご飯に出てこないようなメニューであっても、ピンポイントで料理を指定する

②カロリーを気にしていないときは本当に気にしていない

それならば野菜＝「炭水化物をおさえることのできる料理」。お米がすすんでしまう濃い味つけの料理は不正解、うす味が正解です。

目に見えて野菜を摂ることができそうな汁物「ポトフ」は、自分の裁量で食べる量を調整できるパンなどを用意することもできるので喜ばれます。

まえの日に洋食をつくったのであれば、大根やレンコン、はんぺんなどを入れたおでんも必然的に炭水化物を遠ざけることができるのでいいかもしれません。

晩ごはんをパスしてでもカロリーを摂取したくないのであれば、「要らない」と答えるのではないでしょうか。

そうであれば、リクエスト「野菜」の真意は……、

「メニューは思いついていないがカロリーは摂りたくない。しかし、食う」

です。

それならば、食べごたえも必要になってきます。

ポトフやおでんは、野菜に隠すようにして肉を忍びこませることができるからこそ正解なのです。

リクエストを相手にたずねることは簡単ですが、それが毎日となると料理がピンポイントで思い浮かばないのは当然ですし、おっくうでしょう。推理なんかしなくても「いつも買うバニラ系のアイスの代わりに、カロリーの低いシャーベット系を買っている？」

など……細かく観察していれば、相手が多くを語らずともメッセージは読みとれるものなのです。

料理以外であれば、衛生の意識に大きく個人差がでる掃除にも、家主の意向を反映させることができます。

窓が曇っていたり風呂場のガラスがウロコになっていたりすることに目がいく人もいれば、とにかく床が汚いと落ち着かない人もいます。

基本的な掃除はひととおり行いますが、家主が特に清潔にしたい箇所は念入りに掃除をすることでさらに喜ばれます。もちろんここでも排水溝を掃除されることを恥ずかしく思ったり、下着類の洗濯にこだわりを持っている人もいるので、「なんでもかんでもやる」ばかりがよしとされるわけではありません。

家事以外であれば、たとえば口喧嘩の際に火種を小さいまま消すことができるようにもなります。

「どちらがどれだけ悪かったかパーセンテージを出そう！」という具合に、問題を洗いざらいさらうことが素早い解決につながると信じている人もいれば、「冷静になるためにとにかく時間をおきたい」人もいます。

自分の気持ちの収まりがつかなくても、「アイスを食べて寝る」ことが相手にとってストレスのない解決方法なのであれば、僕はそれに迎合します。

僕にとって優先させるべきは自分の正統性を主張することではなく、相手に「この家から出ていけ！」の切り札を切らせないこと。屋根・壁代を浮かせるためには「合わせられる限界まで自分を相手にすり合わせること」が肝要です。

赤べこのようにすべてを肯定する

「赤べこ」のように首を縦にふり、聞き役に徹することに価値を見いだしてくれた相手もいました。

ミュージシャンだったこの女性は独自の世界観を持ち、自分のやりたい音楽と世間の求めている音楽の間に差があることに歯がゆさを感じていました。趣味と仕事の線引きに悩み、同い年の売れているアーティストに嫉妬していたようにも思います。

僕は楽器を演奏できませんし、音楽にくわしいわけでもないので、アドバイスのしようもありません。それならば、相手の話をとことん聞き、「赤べこ」が首を縦にふるようになにもかも肯定することこそが僕に求められている価値だと感じました。

「話を聞く」とは簡単なようでいて、相手への興味と尊重がないと実は難しいものです。

相談がわかりやすい例ではないでしょうか。相談された方は頼られたことが嬉しくて、ついいろんな例をもちだしてアドバイスをしたくなってしまいます。

よかれと思ってあれこれ助言をしても、相手は話を聞いてもらったうえでただ肯定してほしいだけかもしれません。

「要するに」「つまりは」なんて、相手の話をだれにでもわかりやすくまとめてしまうのは野暮ってものです。他人とわかち合えないような悩みならなおさらのことです。

同じ愚痴がくりかえされても、「よっぽど嫌なんだなあ」くらいに思い、ただただうなずくだけ。

思考整理に使ってもらい、自分の口から解決の糸口が出ればそれに越したことはありません。相手にとって一番気持ちのよい姿勢をつらぬくことで「屋根・壁」が手に入れられるなら、僕は否定もアドバイスもいっさいしません。

結局3ヶ月くらいで家賃を払っていないことに気がつかれてしまい、同棲は解消されることになるのですが、結局このミュージシャンの女性とお付き合いすることはありませんでした。付き合っていようがいまいが、口約束をしていようがいまいが、「関係性すらなんでもいい」と思いはじめたのはこのころのように思います。

苦手分野を引き受ける「見えざる能力」になる

いまの彼女にとって僕は彼氏でありヒモでありますが、同時に彼女の苦手分野を引き受ける彼女自身の「見えざる能力」であるような気もします。

彼女は家事全般が苦手です。本人にいったら怒られるかもしれませんが、脱いだ服は脱ぎっぱなし、食べ終わった皿を台所にもっていくこともしません。

いっしょにスーパーに買い物に行こうものなら値段を見ないでバンバン食べたいものをカゴにいれますし、外食では肉やラーメンばかりを好むので一人では栄養管理もできないでしょう。

腹痛に苦しんでも、ベッドのうえでうずくまっているだけで胃腸薬を飲むことすらしません。「一人ならできる」といい張っていますが、家事をしながら僕は「育成ゲーム」に似たいそがしさを感じることもしばしばです。

家事以外では外での理不尽をすべて自分のなかで解消しようとする真面目すぎる性格でもあるので、ふざけた生き方の視点から彼女の代わりに悪口をいったり愚痴を聞いたりするのも僕の役目、サボりたい飲み会のいいわけなどもいっしょに考えます。

家事を苦手とする反面バリバリ外で働きたいという彼女は会社をはじめとするいろんなコミュニティで気に入られますし、出世欲も強いです。

いまの彼女とは得意／不得意が合致していて、能力としてこれまでの経験をすべて活かすことができ、楽しいんです。

なにより僕のプロヒモ生活を、「新時代の生き方」と太鼓判を押したのは彼女でもあります。

彼女の不得意な家事をこなす代わりに僕の不得意分野である「外でお金を稼ぐ能力」、そして「プロヒモ」というマイノリティな生き方の「いち代弁者」の役割も担ってくれているのかもしれません。

Chapter 2

プロヒモになった
3つの理由

4 プロヒモにだって大恋愛時代があった

なぜ僕は、このようなヒモ生活に至るようになったのでしょうか。

あたりまえのことですが、ほとんどの人にとってみればヒモは架空の生き物です。マンガやドラマなど作り話で見かけることはあったとしても、そうそう周りにいるものではありません。ヒモであることを公言しているヒモも少ないので、見つけることも難しいと思います。

僕自身、好奇心から……またお説教の前フリとして……「なんでヒモになったの?」と周りからたずねられることも非常に多いです。が、正直なところわかりません。

小さいころからヒモになりたい願望を持っていたわけではないですし、「ヒモになって楽してやるぜ~!」と思ったこともありません。

振りかえって考えると、人生におけるさまざまな「嫌なこと」から逃げつづけた結果ヒモ生活に漂流していた。そう表現することが正しいように思います。

世界が歪むほどの片思いと大失恋

まず、ヒモ生活に至った理由のひとつには、恋愛でヤキモキすることが心底面倒になってしまったことがあります。

僕は中学から大学までの間、一人の女の子のことが大好きでした。7年で7回お付き合いしたのでここでは「7子ちゃん」とします。

思いかえせば絶対にうまくいくはずもないほどに独りよがりな好意を僕は7子ちゃんに抱いていました。

彼女に振りむいてもらうために歳をごまかしてアルバイトをしたお金で歳不相応なプレゼントを贈ったこともありますし、深夜突然呼ばれてバイクを走らせたあげく追いかえされ、パンクしたバイクを20キロ押して帰ったこともあります。

だれの目から見ても「もうやめとけ」状態のなか、7子ちゃんは7子ちゃんで僕の鋼の片思いをセーフティネットのように活用していたことも僕の恋わずらいを加速させる理由となっていました。

彼女は僕の好意を〝わかったうえ〟で、7年の間に僕以外のいろんな男性とお付き合いをするような彼氏の途切れない女性でしたが、「いまの彼氏とうまくいっていない」といった相談の相手も毎回僕でした。

いわゆる「都合のいい男」扱いです。

いまなら「バカにするな。同じ男であったとしてラガーマンの心は帰宅部の僕にはわからない」で一蹴するのですが、当時の僕は心はサンドバッグ状態でも親身になって相談を聞いていました。

「そんな思いをうち明けられる僕こそがあなたのことを一番思っている」とアピールしたかったのでしょう。

僕の同級生と付き合っている話や肉体関係の悩みなどは僕の心を複数回折るのに十分でしたが、それでも「ダメージの大きさをもって7子ちゃんへの想いの深さとする」などと意味のわからない尺度を作りあげ、献身的な自分に酔っていたのだとも思います。

渋谷のデパートで「カップルなんだからペアリングがほしい」とねだられ、9万のペアリングを衝動買いするために震える手でクレジットカードの申請用紙を記入していたこともありました。

僕よりも先に社会人になった年上の7子ちゃんに「ここには知り合いも話し相手もい

なくてさみしいからきてほしい」といわれ、東京から夜行バスに9時間ゆられたあと、広島県の彼女のマンションの廊下で寝ていたこともあります。

とにかく7子ちゃんの理不尽な要求をすべて受けいれることで自分の想いは報われる、片思いは成就する、と当時の僕は信じて疑いませんでした。

〝大事な人は結局のところ一番近くにいる〟

こんなJ－POPの歌詞や純愛物語を僕は自分の都合のいいようにとらえていましたし、彼女と付き合うのはいつも彼女が失恋したあと、

「やっぱり優しいふみくんが……」

と戻ってくるのがお決まりのパターンでした。

「こんなにワガママな彼女を受け入れられるのは僕しかいない」

と7年の間で変な自信すらできあがっていたようにも思えます。

“執着しない自分”を認めたくなかった

そんな盲目すぎる恋に終止符が打たれたのは、ある日の彼女からの電話がきっかけでした。

会社員1年目として社会に揉まれていた彼女は、頻繁に愚痴の電話を僕にかけてくるようになっていました。僕もそのことに存在意義を感じ、あの手この手で彼女を励まそうとしていたのですが……。

「昼間の仕事を思いだしたくないのに、なんで私に会社の話をさせるの？」

「なんで私がもう戻れない学生生活の話をするの？」

言葉がつまった僕に対し、

「なんで黙るの？　彼氏なんだからなにかしゃべってくれてもよくない？」

とまくしたてられ、もうなにも答えることができずただ泣いてしまいました。

長いこと好きだったので、引きさがれず意固地にもなっていた。といまでこそ冷静に分析できますが、当時の僕はそのことを自覚したくなかったのかもしれません。それでも、彼女の一言はこれまでの僕の一方的な我慢や信じていたものを崩す一打となりました。

酷な仕打ちをさんざん受けていましたが、7子ちゃんとの関係がこの先もうまくいかないことなんてとっくの昔に気がついていました。それでも7年分の片思いが虚無の塊として襲ってくることに恐怖を感じ、「7子ちゃんを好きじゃない自分」を認めたくなかったのです。

彼女に合わせていても良好な関係を築くことが不可能だとやっと我にかえった僕は、その電話で7回の交際ではじめて僕の方から別れを切り出しました。

「先輩、それはモラハラです」

僕が「ヤキモキ」だと思っていたものの正体を「モラハラです」の一言で片づけてくれたのは、大学の後輩でした。

相談相手がいたことで救われていたのはもちろんですが、そのこと以上にこっ恥ずかしい自分の片思いエピソードをうちあけられる「楽な関係性」こそ、僕にとっては新鮮で衝撃的なことでした。

7子ちゃんのことは好きでしたが、気の休まるときはなく、彼女に嫌われることはそのまま自分の存在否定のようにも思えてしまい彼女の一挙手一投足につねにビクビクしていました。

7子ちゃんに優しくしてもらった場面を思いだそうとしても、なんかの折に「服のファスナーをあげてもらったことがある」くらいしか記憶にありません。

女性と気兼ねなくおしゃべりができることが楽しい。興味のないドラマを追いかけなくてもいいし、高価なプレゼントを買うためのクレジットカードだって作らなくていい。極端に無理をしていた反動もあったと思いますが、僕はすっかり「楽な関係」のとりこになっており、7子ちゃんと別れたあと、気がついたらその後輩の家に転がりこんでいました。

無理に無理を重ねるのはもう嫌

この7年にもおよぶ片思いと失恋は、一方だけの好意がふくれあがりすぎた関係はうまくいかないのだということを僕に教えてくれました。

一途な努力はいつか必ず相手に届き、思い描く理想の二人になれるという自分の信じる恋愛神話もこのとき崩れ去りました。

思えば当時の僕は、「雨垂れ石をうがつ」「想いつづけていれば、こんな僕もいつか……」といったドラマ仕立ての恋愛像に陶酔しており、そのワールドに彼女を無理やり入れこみたかったように思います。

彼女の話を献身的に聞く自分に誠実さと一途さを感じ、そんな自分に〝酔っている〟。意固地になっていたことを〝認めたくなかった〟。

彼女は彼女で「男性は多少無理してでも女の子の気をひくものよ」といった彼女なりの恋愛像を持っていたのでしょう。お互い譲りあいもせず理想をぶつけあうだけなのだから、はじめからうまくいくはずがありません。

決して「届かない想いであろうと一途に相手を想いつづける」「強烈に相手を想い、執着さえも愛の形とする」ような恋愛観を否定したいのではありません。

しかし、もう僕自身は「お金も時間も使い果たすまで無理に無理を重ね、心身をすり減らせてまで自分の片思いを実らせようとする」なんてことは「絶対に嫌」となっていたのです。

5 ある日、神託を受けて会社員をあきらめた

大失恋とは別にもうひとつ、僕をヒモ生活にいざなった「嫌なこと」があります。なにか明確なできごとがあったわけではないのですが、僕は幼いころからずっと「同じ場所に同じ時間に行くこと」に対してものすごい抵抗を感じて生きてきました。

会社勤めこそしたことはありませんが、まったく働いてこなかったわけではありません。いまはライターのフリをしていますが、放送作家見習いをしていた時期もあります。

放送作家はひとつの番組にかかわると週に1回必ず定例会議があるのですが、その1回ですら僕にとっては「嫌なこと」でした。

会議は1週間のうちの2〜3時間くらいなので会議自体に強いストレスを感じていたわけではありません。

会議が終わった瞬間、次の会議が定刻に予定されていることが僕にとっての「嫌なこ

と」でした。次回の会議が近づくにつれ、なぜ「心的拘束給」が発生しないのか疑問に思うくらいに気が重くなってしまうのです。

つまり、週1の定例会議に苛まれる時間は会議そのものが行われる2〜3時間ではなく、僕にとっては1週間まるまるでもあるといえるのです。

1週間にひとつでも定刻に決まった場所に行かなくてはならない状況では、長期海外旅行にも出かけられません。

無尽蔵にお金があるわけではないので実際にはそんな頻繁に海外旅行ができるわけでもないのですが、僕のむこう1週間に楔《くさび》めいたものが打ちこまれ、行動の選択肢が減ってしまうことにストレスを感じるのです。

そんな僕が会社勤めをできるはずもありません。運よく会社に入れたとしても2日もたなかったんじゃないかな？　と考えています。

企業側だって、「社会人の基礎の基礎が無理なんです」なんて人間を雇いたいとは思わないでしょう。

振りかえれば僕は、幼稚園から大学までまともに通えていた時代がありません。

高校3年生のときなど朝のホームルームから帰りのホームルームまでいた日数は6日

でしたし、大学も卒業までに7年を要しました。

　これまで30種類くらいのアルバイトを転々としてきましたが、どれも長つづきしませんでした。ステーキハウスに居酒屋、ファーストフード店の飲食業で働いていた時期もあれば、交通量調査員としてカチカチカウンターを押していた日もあります。早朝に銭湯浴場を清掃したあと、建設現場で鉄筋に付着したコンクリートをかたっぱしから破壊していた夏もあります。

　東北地方まで木の高さを測りに行き、「この作業のどこにお金が発生しているのか」疑問に思いながら獣道を長靴で歩いたこともありました。
　内容はどれも面白かったのですが、結局同じところに同じ時間に行くことに耐えられなかったがためにやめてしまったのでした。

「義務感めいたもの」を強いられる

「同じ場所に同じ時間に行く」という、みんながあたりまえにできることがなぜ僕にはできないのでしょうか。

いまさら幼いころの教育環境に原因を追及するつもりもありませんが、同じ場所に同じ時間に行かされることをはじめとする「あたりまえ」に拒否反応を示しはじめたのは、幼少期の学習塾が発端でした。

いわゆる教育ママの元に育った僕は、2歳のころから公文式に通わせてもらっていました。

絵を描くことが好きな子どもだったこともあり鉛筆や紙にはなじんでいたはずなのですが、入塾前に渡されたペーパーテストに、

問　点Aから点Bまで線を引っ張れ

という指令が書かれていたことに、ものすごく窮屈な気持ちになってしまったのです。

ものごころつくのが早かったからか、なにかその紙に「義務感めいたもの」を感じたうえに「この線を引っ張ってしまったらこれから先、厄介な紙《こと》がたくさんやってくる」と直観的に感じとってしまいました。

その場で泣きだした記憶こそありますが、なんせ2歳でしたので「お母さん、息子の意志を尊重してくれ。むしろペーパーテストを疑問視するこの姿勢に賭けてみよう」などと切りかえすこともできず、結局僕は公文式に通うことになりました。

ここでも勉強する内容自体を嫌いになることはなく、ほめられることがうれしくて算数も国語も漢字の書きとりもどんどんすすんでいきました。

神様に「お前にサラリーマンは無理」といわれた

転機は4歳のときでした。学習塾からの帰り道、「僕サラリーマンむりだわ！」と突如天啓のようなものが降ってきたのです。

マセていた僕は、大人は月から金の間、同じ時間に同じところに通う生活を送っていることを知っていました。そして決められた毎日がつづくであろうこれからの将来に対してえもいわれぬ不安が襲ってきたのです。

月曜と水曜に必ず学習塾に行かされていることと、2歳のころの直感的な「義務感めいたもの」が同じ違和感として重なったのだとも思います。

これから増えていく「義務」からどう逃げるかで頭がいっぱいになり、自分の意思に反する「やらなくてはいけないこと」にこのときから抵抗していくことになりました。

幼稚園はバスが迎えにくるため登園から逃れることはできませんでしたが、お遊戯に参加した記憶はありません。

「一挙手一投足、指示通りに動かなくてはいけない」こと、それを「疑問なく受け入れる」周りに異様な不気味さをおぼえ、裏山に逃げかくれお遊戯がすすめられていく教室をのぞき見る不気味な園児でしたが、小中高と学校生活自体にはなにも不満を感じていませんでした。

いますぐ破門にしてください！

たくさんの習いごとをさせられていた僕は、習いごとの数だけ「つづける／逃げる」の判断を行う訓練もくりかえしていました。

毎週長時間の活動をするボーイスカウトに入団させられそうになれば、「この服を着たくない」とはねかえし、英語教室に通わされれば「あそこにはお化けが出るから行き

たくない」など、嫌な習いごとにはありとあらゆる方向から抵抗の姿勢を見せてきました。

なかでも逃げに逃げたのは剣道です。毎週日曜早朝6時に道場に行き、2時間の座禅をしたあとは道場の掃除を1時間、昼まで稽古……。

子どもの精神を鍛えることに重きをおいた剣道場は真心から子どもの成長を願う先生たちが運営していましたが、こんなきついこと、僕に耐えられるはずがありません。

取りたてていいわけをするでもなく、「きつい！ 無理！ やめる！」と伝えたところ、母からは「やめたいなら自分の口でやめることを伝えなさい、それが

武士道」との答え。

まったく話が通じていません。僕はあの道場になんとしてでも近づきたくないのです。

苦肉の策で僕はやめる旨を手紙に書き、道場の戸口にはさむことにしました。

生半可な言葉では「たるんでる！」と連れもどされてしまうかもしれないため、「まったくやる気がありません！　つづける気力がまるでなくてごめんなさい！」と強気の逃げメッセージを記したことをおぼえています。

「どうか僕を見捨ててほしい！」という願いは先生の心をくじき、電話がかかってくることもなく無事見放されることに成功しました。

「そんな逃げてばっかじゃロクな大人になれない、あなたより小さくてもがんばっている子もいるのに……」なんて母親に嫌味もいわれましたし（事実ロクな大人に育っていませんが）、水泳やお絵かき教室など好きな習いごとはいっさいやめようとは思いませんでした。

僕にとってみれば、嫌なことをつづけるよりも、好きな習いごとをすることや友達と遊ぶことの方がよっぽど重要だったのです。

中学高校も「なにかに青春を燃やした」経験がまったくありませんし、大学受験も本当は美大・芸大に行きたいという希望を持っていましたが、入試科目のデッサンを乗り越えることもデッサンの練習を毎日つづけることも不可能だと自覚しリタイア。

母の「早稲田以上の大学ならお金を払う」という言葉に、「タダで4年間のモラトリアムを手に入れられる」とそのとき取りうるもっとも楽な道と感じての大学進学でした。周囲の異様にギラついた雰囲気になじめず受験塾には1年で2日しか行きませんでしたし、大学も所沢キャンパスへの往復4時間の通学時間に心がくじけ、早々に通わなくなりました。

大学卒業後もヒモ生活を続行しつつ、しばらくは放送作家事務所でリサーチ業務やバラエティ番組で出題される簡単なクイズを考えたりイベント現場に行ったりしていましたが、テレビ番組の会議の見えざるタテ社会の窮屈さにたえられなくなり、事務所通いも長くはつづきませんでした（テレビ局の人間、製作会社やフリーの放送作家が数十人集まってすすめられるのですが、あまりに大人数のため、だれが偉いかわからない……。大人を叱る見えない「大大人《おおおおとな》」のような見えざる大きな存在にビクビクしながらすすめられていくんです）。

「このままではマズい」と思うタイミングはついに訪れなかった

そんな生活をしていれば、普通は「このままではマズい」とどこかで思い立つのだと思います。僕も「このままではマズい」と思うタイミングがやってくるものだと考えていました。

しかし、僕は部活で汗を流しているクラスメイトや就活生に囲まれながらもボンヤリしつづけることだけは筋金入りでしたし、やるべきことから目を背けることにまったく抵抗を感じませんでした。

さらに「このままではマズい」と思わなかった僕ですから、計画性だってありません。「その日を自分なりに楽しく終えられればいい」ということだけを念頭に生きてきた結果、僕は自分がストレスに感じない家事能力などを必要とされる人に使うことで居場所をつくりだす生活スタイルに流れつきました。

世間ではこの生活を「ヒモ」と呼ぶということを知ったのは、他人から指摘を受けたあとのことです。

教育ママの意向むなしく、

「母のいうことを守って勉学に励み、いい大学に行き、大企業に勤める」

〝あるべき像〟から逃げつづけるようになった僕の姿勢は、ある種現実逃避をする引きこもりにも通ずるものがあるかもしれません。

しかし、大学卒業後も実家に居れば会社に勤めていない僕のもとに、母親から毎日のように就職情報が届けられることも安易に想像できたので、家の中にこもりきる生活もストレスに感じてしまいそうです。

「嫌」を発端とする原動力が内向きに現れ「ひきこもる」のではなく、僕の場合は女性の家に「出ずっぱる」。

単に外に向く力として現れただけなように思います。

6 ヒモができるくらいにはちゃらんぽらん

僕のヒモ生活がYahoo!ニュースに掲載されたとき、

「そんな生活ができるのはいまのうちだけ」

とコメントする人がいました。僕はそのことを持ちかえって反省するよりも、

「こんなヒモなら飼いたい（9000いいね）」

の方に目が行ってしまい、

「この国にはまだ1000人近く僕を飼ってくれる人がいる！　このニュースを見ていない人も計算にいれると、とんでもない数の潜在的飼い主がいる！」

などと都合のよい方ばかり見てしまう、というよりも、社会生活がままならないほどに目先の楽しさや楽を優先してしまうふざけた生き方をしているんです。

「これからは男性が女性を支える……そういう生き方もあっていい！」

なんて肯定されることもありますが（僕のことをどうとらえていただいてもかまわないので

すが）そんな高尚なことは考えていませんし、新時代の生き方を実践している気もないのです。

他人が納得・理解できるような理由なんてありません。

僕は「楽そうだし、楽しそうだった」から、こういう生活を送っているにすぎません。

ヒモは会社に勤めなくてもいい生活であるほか、職業でもなければマニュアルがあるわけでもない、なり方がわからない存在でもあります。

僕は会社に勤めない理由をその場に応じてこねくりまわし、家事でその場をやりすごすように生きていく（不安定すぎる）サバイブ生活すら楽しく思える、自己肯定感の高い人間でもあるので、突拍子もない生き方ができることそれ自体で「いい人生をおくらせてもらっているな」と満足できてしまいます。

宿代として得意な家事をやり、その合間にゲームをやる。そのゲームの記事を書いておこづかいをもらうといった生活は、自分が使える能力だけを小ずるく使えているような気もしていて、「よくやった！　ふみくん今日もトリッキーだよ！」と毎日自分をほめてあげたいくらいです。

住居ガチャ

女性の家を転々とすることでいろんな場所に住めることも、僕にとってはヒモ生活での大きな魅力です。

いまの飼い主が住んでいる沖縄なんて最たる例ですが、上野に横浜、所沢に勝どき、松戸に曳舟、中野……とこれまでいろんな土地のさまざまな家に巣食ってきました。ボロアパートに転がりこんだこともあれば、眼前にスカイツリーがそびえるタワマンに住んでいたこともあります。

無論、ヒモは自分で住む場所を選ぶこ

とができません。住むエリアを自分で決めることのできないランダム性にワクワクしてしまうのです。

駅の路線図を見てみると、名前こそ知っているものの実際には降りたったことのない駅ばかりです。

ヒモ生活を長いことつづけるなかで、女性のそのときの住まいによっては一生降りる機会のなかったであろう駅がいきなり「最寄り駅」になったりするのです。

「ボロアパートは嫌だ！　タワマンがいい！」などの欲求もありません。

予定は見えて2日後。その次は「死」

こんな生活をいつまでもつづけることはできないのかもしれません。

しかし計画性も皆無な僕は、人生設計など考えたこともありません。

これまでも「予定は見えて2日後」くらいの感覚で生きてきました。その次に確実に見えている予定は……いつか訪れる〝死〟くらいなものです。

未来に具体的な予定や目標をなにも立てていないヒモの僕は、次カレーを作る日と今日と明日の記事の締めきり、そしていつか訪れる〝死〟と、自分のこれからをザックリとしか把握できていません。

「人生を悔いなく生きろ！」とよくいいますが、僕も本当にそのとおりだと思います。

しかし、この言葉を真正面から受けとめるなら、

「どうすれば悔いなく生きられるか」

を自分で判断したり、都合よく解釈したりすることも同じくらい大事だと思っています。

僕の場合は、いろんな経験をしたうえで、本来なら通過しなければならなかった雑事から逃げきることができれば、死ぬ直前に悔いがないような気がしているのです。

Chapter

3

プロヒモが語る
恋愛と男女の機微

7 プロヒモが答える恋愛相談そのまえに

男だけど奢らない。その代わりに家事などで相手に尽くす。という奇妙な恋愛をしているからか、僕は「通常の恋愛観にとらわれない」なんて周りからいたずらにもてはやされ、これまでいろんな恋愛相談をもちかけられ「かぎりなく遠くにいる第三者」からの意見を求められてきました。

突然ですが、一般的なお付き合い像ってなんでしょうか。

恋愛に決まった形などないといわれているとおり、明確な定義こそ存在しないのでしょうが……たとえば「二人でクリスマスをすごす」や、「記念日に高価なプレゼントを買って好意を伝える」などは世間では一般的とされています。

当人たち同士で完結すると思われていた「お付き合い」の関係性は、得てして社会の目と評価なしには成りたたないという側面もあります。

二人だけの秘密の関係であってもあえて「お付き合い」という形を選ぶのは、「付き合っているのだからほかの人と浮気をしてはダメ」といった具合に他者の存在を意識しているからこそではないでしょうか。

恋愛像に縛られる、その根は深い

男の子は女の子を「クリスマスだから高級リゾートにつれて行く」。

女の子も「クリスマスは特別なことをするのが普通だからついて行く」。

この場合……男の子は本当は「クリスマスだからって特別なことをしなくていい」と思っているかもしれませんし、そもそもクリスマスムードに迎合すること自体に抵抗を持っているかもしれません。

女の子も「リゾートに行く時間があれば家でクリスマス特番を見ていたい」とか、極論をいえば「時給がいいからバイトに入りたい」と思っているケースだってありえなくはないでしょう。

もちろん、すべてのクリスマスデートにあてはまるわけではありませんが、

「彼氏として顔がたたないし高いお金を払うのが男のプライド」

「友達もみんなそうしているし、どこも連れて行ってもらってないっていうと友達に見下されるかもしれないから」

なんて内情を明かさないままに、二人とも望んでいない高級リゾートに行く可能性もゼロではありません。

彼氏が彼女の顔色をうかがったわけでも、その逆でもありません。二人が世間と周囲の顔色をうかがった結果です。


有名テーマパークなども顕著な例だと思います。

少し話はずれますが、カップルになるとなんというか「カップルチェック項目シート」みたいなものが渡されると僕は思っていて……その項目には「手をつないだ」とか「映画を観た」などがあり、デカデカと「有名テーマパークに行った」ミッションもあると感じています。

「カップルだったら訪れるべき有名テーマパークに行く」

というチェック項目を塗りつぶすのみの目的でデートをするのなら、両者にとって楽しくない1日になってしまう可能性もあります。よかれと思って取った行動のはずなのに、実際のところ真に意識しているのは目のまえの相手ではないために、なにかアクシデントが起こったときにはその不満の矛先はいま隣にいる相手にむけられてしまうかもしれません。

「(別に行きたいっていってないけど盛りあがってるからついてきたものの)予想以上に待ち時間が長くて足が疲れた」

「高いお金払ってテーマパークに連れてきてあげたのに(疲れたとか文句いって……)」

テーマパークデートにかぎらずペアルックを着る、休みの日は必ず会う……関係性の良好さを証明するためのチェック項目はごまんと存在しているのではないでしょうか(もちろん埋めたチェック項目の数に応じて親密度が上がるわけでもありません)。

理想のカップルと理想じゃないカップル

さらに厄介なことに、お付き合いは外部から観測されつづけるばかりか「評価される」特徴も持ち合わせます。

「理想のカップル」という言葉があるからには、「理想でないカップル」もあるということです。

僕は人の数だけ関係性は自由に構築できると信じています。

しかしお付き合いの関係性にはある一定の軸が存在し、理想であることを求められているように錯覚してしまうことにもまた厄介さを感じています。

われわれの見聞きする「理想のカップル」とはどのような関係性でしょうか。

少なくとも相手のことを気づかい支えあっているなど、精神面の話だけでないことは明白でしょう。

メディアで「理想」を描くなら、美男美女であることはもちろん、休日は高級車に乗って雰囲気のよいレストランに行く画なんかもほしいです。

すると、「理想のカップル」とは関係性だけの話ではなく、ルックスの美醜や財力などさまざまな基準から形成されていることがわかります。

もちろん、外部から高い評価を受ける理想のカップル像を意識することと、相手を見ていないことは直結しません。

しかし、外部の目線にウエイトをかたむけすぎることは「私の彼氏は年収53億」や「彼女はモデルやってて、ミスコン優勝経験もある」など、比較の発生源にもなりえます。

そうすると、やっぱり意識しているのは目のまえにいる相手ではなく外部の目線だといえます。

もっといえば、

「これだけの美人と付き合っている（俺）！」

「（私は）超大手の商社マンと付き合っている！」

といった自慢のためや周囲にうらやましがられた

いがための交際なら、注目しているのは外部の視線に映った自分自身でしょう。

例に高級リゾートや高級車などを出すあたり、財力にとぼしいヒモのひがみに思えなくもありませんし、僕はなにもすべての「一般的なお付き合い像」や「理想のカップル像」を否定しているわけでもないのです。

関係性に社会がいっさい介在しないことはありえませんし、すべての人がお付き合いのプロセスやイメージから完全に脱却することは不可能でしょう。

ただ、友達の話やメディアで聞きかじったテンプレート化されたお付き合い像を盲信しすぎてしまうのは、二人がよしとする関係性を作りあげることではなく他者の目線を基準とする方へ意識が向いてしまうため、「あまりいいことはないのでは？」なんて思ったりします。

J-POP的恋愛像

数ある関係性のなかでなぜ、恋愛ばかり「像」が強固なものとされ、モデルケースに沿うことを強要される傾向にあるのでしょうか。

J-POPの歌詞やおとぎ話……なんでもいいのですが、こと恋愛にはモデルケースが存在します。

友人関係、職場の人間関係と異なり恋愛は一対一の関係であるため、「相手に選ばれなかったらそこでおしまい」のような恐怖がただよっています。

受験は複数人で不合格判定が出されますが、失恋の悲しみは自分一人だけを襲うものです。

すごく原始的な意味で一個体のオス・メスの魅力が測られているのも、恋愛ならではです。

「あなたのことは好きだけど、恋人としては見れない」なんて言葉もあるとおり、性別的な魅力を測られることは他人よりも自分だけが劣っていることのあらわれのようで、単純に個人に嫌われる以上の自分の存在否定にも匹敵する恐怖なのではないでしょうか。

恋愛はいろんな付き合いかたを模索するよりまえに、「操《みさお》を立てる」「相手に尽くす」

といった大前提の価値観が存在し、その前提は強固なものです。

そうすると、相手を見ながら関係性を築く必要性があるように思う一方で、自身で試行錯誤するよりも見聞きした成功例を試すことの方が手っとり早く、正攻法のように感じます。自分なりにあれこれやってみたあげく相手から完全拒否されてしまう可能性だってあるので、トライアンドエラーの実践にはかなりの勇気が必要です（相手を深く知らないお付き合いのまえの段階や付き合いたてのころはなおのことです）。

だからこそ、恋愛像のあり方に僕は疑問を感じます。

指針としてあるべき「像」がそもそもからしてあまりにあやふやだからです。

恋愛は、古代ギリシア神話の時代からもめたり悩んだりしているわけですが、時間が経ってなお、ずっと同じところで悩んでいるって考えてみればおかしな話ですし、万人に共通する痛みを軽減するために解析がすすめられていてもよさそうなものです。

「赤い糸」「運命の人」といった表現も引っかかります。会社や学校でいい先輩にめぐり合えたことを「運命の出会い」とは表現しますが、「運命の人」とはいわないでしょう。

数ある人間関係のなかでも恋愛は特別視される傾向にあると同時に、強く「神秘性」が求められているように感じます。

解析がすすまず、神秘性が求められる理由は……。

答えは単純で、解析をしないことこそ恋愛に求められている価値だからです。

恋愛に神秘性を求める理由とは……

男女が寄り添う理由は生き物としての種の保存だけではありませんが、動物である以上本能的に繁殖することもプログラムされています。

人間は服を着ることにはじまり、理性やルール、恥の概念のもとに社会を成りたたせています。いきなり「繁殖したいです」なんていったら、きっとなにかしらの法に抵触するでしょう。

古く平安時代の貴族の間では、「歌を交わすプロセス」があった。と僕は授業で習いました。

繁殖ひとつにしたって、時代によって形式はちがえどなにがしかの段階をもうけて「いっちゃあおしまい」に理由や文脈をもうけてきた背景をかんがみると……。

恋愛におけるモデルケースを量産する理由は、「それをいっちゃあおしまい」なことをストーリー仕立てにし、オブラートに包みこみ、詩的に素敵にする役割も期待されていそうです。

しかしながら、結局のところ指針として存在する恋愛像そのものがあやふやでありつづけるかぎり、恋愛にまつわる悩みは尽きないとも考えています。

男女それぞれに向けて描かれた恋愛コミックを見ても、恋愛に求めるものや理想は大きく異なっています。

視覚から魅力を感じとる男性に向けた恋愛コミックは「おっぱいドーン!」、文脈を重要視する女性に向けた恋愛コミックは「普段生意気なところが鼻についていたアイツに『壁ドーン！』されてから、恋愛対象として意識してしまう」ように描かれています。男性向けコミックに「現実にそんな女いるわけないじゃん」と女性が感じるのは逆もまたしかり。創作の世界と現実はもちろんちがいます。

しかし、真に厄介なのは、虚構と現実をゴッチャに語ってしまうことではありません。男女間で恋愛の話をするときに、「同じ共通言語としての恋愛をつくりださねばならないこと」。

　これこそが問題であると思っています。

思惑のちがう男女の恋愛観を分解していくと、やがて齟齬が生じてくることは明白です。

しかし、語るときには両者のいいとこ取り。核心に迫らないところでの恋愛をつくりあげなくてはなりません。

　つまり、恋愛に神秘性を求め、あやふやなのはあたりまえなのです。

　共通言語としてつくりあげた恋愛はそもそも核心に迫れない、ないしは神秘性を強固にすることで成

「相方」としてのパートナー

りたっているからです。

「男は外、女は家」「女を守り強くあることが男らしさ」「女はか弱く男に守られるべき存在」なんていまの恋愛や役割分担の基準のおおもとだって、明治時代に取りこまれた家制度・家父長制度。もっと昔にさかのぼれば、恋愛の基準や理想像はまったくちがうものだったかもしれません。

そう考えると、いま語られる恋愛や悩みの根は深いものです。なにを基準に悩んでいるのか、だれに対しての悩みなのかわかったものではありません。

8 プロヒモが答える恋愛相談

恋愛相談への回答は、悩みのこもった明かりのついていない部屋に入り電気をつけ、換気をするようなもの。

盲目で主観的になりがちな恋愛に対し、「ヒモ的に見たらこうですよ」というのをお伝えしていこうと思います。

Q. カレとカノジョで「温度差」を感じる

もともと私が彼に一目惚れ、勇気を出して告白したことでお付き合いの関係をスタートさせました。しかし、付き合っているにもかかわらず、いつもメッセージは私から送ることがあたりまえですし、デートも計画してくれたことがありません。そればかりか、「友達付き合いだから」と私との予定をずらして友達との飲み会を優先させ、ほかの女性と連絡先を交換していたこともありました。そのことを指摘すると、「俺たちは付き合っているんだから、お互いのことを信じれる関係にしよう」と口ではいうのですが……。彼の言動を見ていると「本当に付き合っているのかな?」「私のこと本当に好きなのかな?」と彼との間に温度差を感じてしまいます。彼との温度差を縮め、彼からアクションを起こしてもらうためにはどうすればいいでしょうか。(20代・女性)

なにをもって温度差を感じるかはそれぞれですし、温度差にまつわる悩みひとつとってもきっかけはちがいますが、この手の悩みは「相手にもっと自分のことを考えてもらうにはどうすればいいか」といった内容でいいかえることもできます。

こういったケースは、つい想いの強い方が相手に振りむいてもらう努力をあれこれしたり、「私のありがたみを知れ!」といわんばかりな意地悪な解決方法が頭をよぎってしまったりすることが少なくありません。

しかし、ヒモの僕からいわせてもらえば、どんな策を講じたとしても根本的な解決には至らないように思えます。

相談者が問題解決のために能動的なアクションを起こしたり、解決策をあれこれ考えたりする時点で温度差がさらに広がってしまうからです。

「なにもアクションを起こさなかったら相手が余計冷めてしまうのでは？」と感じるかもしれませんが、解決方法を紹介するまえに、一見なんの関係もなさそうに思える話を書きます。

仮にいますごく腹がたつことが起こったとして、その場に自分よりも怒っている人がいれば感情を表に出すことは難しく、「気がつけば自分の怒りはよそに、なだめ役になっていた」なんて経験のある人は少なくないのではないでしょうか。

ケンカのあといくら謝っても許してもらえないばかりか余計に相手を怒らせたり、相手のテンションが高すぎるがゆえに自分は妙に落ち着いてしまったりなど……。

人は普段から、「相手と総合的な感情のバランスをとる」ことを無意識に行っているものです。

そのメカニズムはわかりませんが、恋愛であれば二人の間の空気のバランスを取ることこそ、いわゆる「恋の駆け引き」と呼ばれるものだと考えています。

感情を目で見ることはできませんし、測る尺度も人それぞれですが……今回は感情を温度で表現しているため、無粋を承知であえて感情を数字に置きかえ話をすすめます。

たとえば自分が相手のことを想う温度が「5」、相手も同じだけ自分のことを想う温度が「5」、足して「10」の状態がみなさんの思い描く「相思相愛」だとします。

とはいえ恋人にかぎらず、お互いが同じ量だけお互いのことを好き合っている関係性って相当に珍しいことですし、どんなに仲のいいカップルだとしても「6対4」や「7対3」など……どちらかに想いの比重がかたむいていることがほとんどに思えます。

少し言い方を変えれば、

〝温度差に悩むあなたが盛り上がった分だけ、相手は盛り下がるしかない〟ような場合だってあるのです。

逆の立場になって考えてみましょう。

もし仮にあなたに一目惚れした男性（女性）が告白、なんとなくいいかもくらいでお付き合いをはじめたものの、相手の想いが強すぎて四六時中メッセージが送られてくる、毎日「好き好き好き好き」といわれつづける。としたらどうでしょうか。

相手はそういった猛アタックが関係性を豊穣にさせると考えているわけです。

「そんなに私（僕）のことが好きならその分応えてあげよう！」と考える人もいるで

しょうが、そこまでつめ寄られたら「引くしかない」とは思わないまでも、「別に自分からアクションを起こさないでもいっか」となる可能性だって少なくないはずです。

今回の場合、関係性の初めから想いの比重が相談者にかたむきすぎていると感じます。相談者「9」に対し、相手「1」くらいの比率ではないでしょうか。

つまり、相手からしたらデートを計画しなくても、メッセージを送らなくても、なにも問題はないのです。

返信がおざなりでも関係性はつづくと信じていますし、そこにあぐらをかいていたとしても相手が自分にゾッコンであることは百も承知。

ここでの相談者が「付き合っているのだからあたりまえ」と思っている「あたりまえ」は、相手にとってはどうでもいいわけです。

では、どう手立てを講じればいいのでしょうか。

答えは簡単で、自分の温度を下げ、相手の温度を上げればいいのです。

具体的には、会っていない間、相手に自分のことを考えさせる時間を増やすことに尽きます。

「メッセージを途中で切り上げて『あれ?』と思わせる!」とか、「共通の趣味を作って話題を増やす！」など恋愛ノウハウの情報サイトや本をひらけば方法はいくらでも載っていますが、能動的なアクションを起こした時点であなたの温度がいま以上に上がってしまうなら、それは逆効果にもなりえます。

ここでヒモができるアドバイスは、即刻連絡を断つこと。

相談者がその人のことを好きでなくなることです。

「かまってくれないとほかの人のところに行っちゃうぞ！」なんて素振りすら見せません。

というのも正直、いままでの関係性を見るに、相談者がいくらここから手を尽くしたところで結局いいように振りまわされる未来が見えるからです。

さんざん振りまわされたあげく向こうから、「やっぱ好きじゃない」なんていわれることや、状況をかんがみれば浮気をされる可能性だって十分にあるでしょう。

残酷なようにも思えますが、今回のケースはダメージを極力おさえるという意味でも、悪いことはいわないのでもう次の人に行った方がよいと思います。

「解決になってない！」と思うかもしれませんが、いまの相手に相談者のことを深く考えさせる目的であったとしても、やっぱりこれが最善策であると考えます。

「距離感をうまくとって駆け引きをする」にしても、「すぐに返信しない」なんて悠長な距離の取り方ではもはや間に合わないほど温度差ができてしまっているように思えるからです。

仮に相手が相談者のことを「やっぱ大事だったかも」と考えはじめるようになるのは、皮肉なことにそれこそ相談者が相手に冷めたあとだったりもします。

もし追いかけてくるようであれば、そこではじめていまの思いを吐露。

新しくまたそこから関係性をはじめていけばよいのではないでしょうか（このときの話し合いの場も、相手に合わせるのではなく、自分の都合のよい時間や場所を設定するとなおよいです。細かいように思えるかもしれませんが、そういった小さな働きかけをつみ重ねていくうちに主導権を握ることができます）。

追いかけてこなかったとしても、やっぱり連絡を絶って正解です。

客観的に見れば、相談者が無理を重ねてまで固執するお付き合いではないからです。

「それができないから悩んでる！　好きなものは好き！」

と反論されるかもしれませんが……実際どうでしょう。

（あくまで文面からは）僕はまともな関係性ができていないと判断しました。というよりも、相談者が「ナメられて」いるように思います。

そうであるならなおのこと、そんな相手に時間を割き心を砕くなんて、嫌な時間が増える一方です（相手を好きでいつづけることや、一途な自分に美学を感じているのなら止めはしませんが……）。

なにかアクションを起こしていまの関係を好転させることは、相談者が相手を意識しなくなることや次の人を探すことよりも、僕にはずっと難しいように思えます。

それでもどうしてもというのであれば、自分から彼への感情が軽くなったように見せかけることや、彼が自分に対し「能動的になる仕掛け」を用意するしかありません。

月並みなところでは、「映画を勧める」なんて常套手段です。この一手で、「共通の話題を作る」「感想を言い合う場をもうける」ことができるほか、会っていない間自分のことを相手に考えさせることもできます。

連続ものなら次の話もできますし、「二人の関係性について」のようなナイーブな話題をかすらないため、メッセージも送りやすく返しやすいものとなります。

彼氏の趣味や得意分野を教えてもらうのもいいかもしれません。自分の得意分野を教えたい人はたくさんいますし、「教えて」なんていわれれば、だれだって頼られている気がして嬉しくなります。

その趣味が主に男性の好む内容のものであれば、「この趣味を話せるのはこの人しかいない」なんて特別視され、「彼女」とは別の方向性で「あなたにとって貴重な存在である私」をアピールできるかもしれません（とはいえ、僕はやっぱりこの場合は関係性から見なおす方が健全だと思っています）。

Q．彼女のはずなのに、肉体関係ばかり！

デートプランを考えてくれたり、いろんなところに気配りができるところに惹かれてお付き合いをはじめたのに、付き合ってからは必ずといっていいほどデート＝「ラブホテル」か「お家デート」になってしまい、結局「ヤりたいだけだったのか？」と最近彼のことが信用できなくなっています。付き合うまえの彼に戻ってもらうのになにかいい方法はありませんか。（30代・女性）

僕はヒモなのでハナから男性として見られず、珍獣のような扱われ方をされることも多いです。異性から肉体関係の悩みをもち寄せられることも少なくありませんが、恋愛相談のなかでもこの「肉体関係の悩み」は枚挙にいとまがありません。

「デートのたびにホテルにいくようになってしまい信用できない」や、「セフレ関係を解消したい」など……悩みの種類はさまざまですが、端的にいえば「都合のいい女として扱われていることが辛い」でしょう。

そのうえで、「1回でも断ったら嫌われるんじゃないか……」とか、「わかってはいるけど断れない……」と思い悩む人が多い印象も持ちます。

いまさら男女間の性に対する認識を改めるのも野暮ですが、男性同士の会話のなかで「俺は○○とやったぜー！」といった話があとを絶たないとおり、肉体関係をもってゴールとする男性は事実多いです。

肉体関係にまつわる悩みは、まず男性の性欲は思っている以上に「しょうもない」、ということへの理解からはじめてみるのはいかがでしょうか。

男性の性欲の「しょうもなさ」を全女性に嫌われる覚悟で説明していきます。

たとえばお寿司が好きで、「お寿司を食べてれば一生分の栄養素を補える」としましょう。けれどなんらかの事情でお寿司が食べられない場合に、隣に第二の好物である唐揚げがあったとします。空腹なら唐揚げを食べてしまうかもしれません。でも、そのことってお寿司を嫌いなことにはなりませんよね。浮気のいいわけってだいたいこれと同じです（女性を食べ物にたとえることへの失礼は承知です。あくまで性欲を食欲にたとえた例として切りはなして考えていただければと思います）。

「男は男でこうなんだ！　理解してくれ！」とはいいませんが、開けっぴろげにいえば「カワイイ！」は「やりてー！」のニュアンスをふくむことも多いので、男性の性欲は文脈を持った感情というよりは「反射反応」に近いなにかなのかもしれません。

もちろんすべての男性がこうであるとひとくくりにはできませんし程度もあるでしょうが、肉体関係で女性を悩ます男性のなかにはこういった人も少なからずいると踏んでいます。

ここまで女性を敵にまわしてまで男性の性欲を説明したことにはわけがあります。「ふざけるな！」と思われたり、「だから男はバカなんだ！」と幻滅された女性も多いと思います。

本当にそのとおりで、結局傷つくのが女性の側であれば、そんな男性の性欲に振りまわされて一喜一憂する必要などないからです。

たとえば先の相談者が、仮に「1回でも断ったら嫌われてしまうかも」と1ミリでも考えているならば、その考えは捨てて問題ありません。

断った際になにかいろいろ言葉を尽くされたり、ときに非情なことを男性がいったりするのも目に見えていますが……それがなによりの証拠です。

一度肉体関係を結ぶと男性は勝手に「オスとして認められた気」がしてしまいますし、付き合えばなにかフリーパスめいたものを入手したと勘ちがいしてしまうことも多いです。

「いつも〇Kなはずなのに、今日はダメなのか？　あれ、俺なにかヤバいことした？」と焦っているのは男性の方だったりします。

ですので、まずラブホテルがデートに一連で組みこまれており、恒例化してしまっているのなら断ってしまって大丈夫です。

相当不機嫌な態度を取られるかもしれませんし、もの凄く悲しい顔で泣き落としにかかってくるかもしれませんが、ここで流されたら事態は好転しません。

さらに、ここからがポイントです。

断ったうえで次は「相談者の都合のいいタイミングで誘う」ことが肝心です。

つまり、肉体関係において女性のあなたがイニシアチブを取れるかどうかが事態好転のカギとなります。

タイミングや断る際の言葉の選び方は、その相手との関係性によって異なりますが、性行為を断られたときの男性の不機嫌は分解することが可能です。

第一には「肉欲が解消されないこと」、そしてもうひとつは「オスとしての魅力を欠いたかも」という落胆です。

そのうえで、実は不満の比率は後者の方が大きかったりします。

単純にそんな気分ではないだけなのに、「俺のことが嫌いになったんじゃないのか！」なんて理不尽な怒りをぶつけられた経験を持つ女性も少なくないのではないでしょうか。

先にも書いたとおり、一度肉体関係を結ぶと男性は「オスとして認められた」感を得ますし、「付き合っているのだから当然」といわんばかりに行為をあたりまえのものとしてとらえる人もいます。しかし、毎回求める理由には単純な肉欲とは別に、「オスとしての魅力は下がってないよな！」という確認の意味合いもふくまれています。

ですので、いったんは行為を否定したうえで相手の不機嫌（オスとしての魅力が下がったわけではない）も否定。そのうえであくまで自分の気分で誘うことで、やっと「なるほど今日はそういう気分じゃないだけなのか」と理解されるわけです（自分で書いておいてなんですが、なんとも面倒ですね……しかし、しょうもない男性よりも女性は数段上手であるのです）。

とはいえ断った際にあまりにもキツいいい方をされるなら、それは「デートDV」とも呼ぶので、もとよりあなたのことを考えていないでしょう。

「付き合っている」が相手にとってただフリーパスを与えるだけの関係なら、そんな相手はもう見かぎるべきでしょう。

Q. 関係を切りたいのに切れない！　泥沼依存

彼女がいる人とセフレ関係にあります。もともと彼女がいると知ってからのお付き合いなのである程度割り切っていたのですが、会うたびに好きになってしまい、そのたびに悲しい気持ちになります。友人に相談しようにも、「彼女がいるってわかっているうえでセフレになるなんて最低」とそもそもの発端を注意されてしまい辛いです。寂しいけど、こんな関係やめなくちゃとも思っています。どうすればいいでしょうか。（20代・女性）

肉体関係の相談のなかには、

「セフレから本命になる望みもないし、いい加減この関係性を終わらせたい」

といった内容のものを聞く場合もあります。

そして、たいていうしろに「けど、連絡がくると断れない！」がつづきます。

いざ連絡を断とうと決心してもついついメッセージを確認してしまったり、気がついたら自分から連絡を取ってしまっていたり……頭でこそ距離を置きたいと理解しているものの、負のスパイラルから抜けだせない人は決して少なくありません。

なかには「私の大事さを身をもって理解しろ」なんて仕返しのような気持ちをモチベーションに断交を決意されている人もいるでしょう。

しかし、その感情が「好き」であれ「嫌い」であれ、相手に執着していることに変わりはありません。

そのため、こんな関係を止めるためにはどうすればいいかをいっしょに考えていきます。

「ダメなのはわかってるけどやめられない」のであれば、人間関係のみならず、まずは大きく「依存」と「依存から脱却した状態」について考えてみる必要がありそうです。

たとえばタバコです。「普段は吸わないが勧められたから1本吸った」人はニコチン依存状態にあるとはいえないでしょう。

また、喫煙者の禁煙はどのタイミングをもって「成功」とされるのでしょうか。

非喫煙者からしたら吸わなくなったら禁煙なのですが、細かく見ていくともっと複雑です。

（詭弁ですが）タバコを灰皿に捨てた瞬間から次のタバコに火をつけるまで、その瞬間だけを切りとれば禁煙ともとれます。

一方、間隔が2日や3日、いや数年が経ったとしてもまたタバコに火をつければ、それは「禁煙を成功させた」とはいえなさそうです。

またギャンブル依存症と呼ばれる人は、街中にあるパチンコ・スロット店の場所をすべて把握していると聞いたことがあります。

その昔、僕は「タバコを我慢したら、我慢したタバコの本数分おこづかいをあげる」というとんでもない約束が飼い主と結ばれていたこともあるくらいのヘビースモーカーだったのですが、そのときはギャンブル依存症の人とおなじように街中にあるすべての喫煙所やタバコを売っているコンビニを把握していました。

しかしいまは街のどこに灰皿があるのか、売っているコンビニはもとより、いくら値上がりしているのかも知りません。レジ奥のタバコの棚を見ることがなくなったためです。

なにがいいたいかというと、「意識をしていない」ことをもってはじめて、依存から脱却している状態であると僕は考えているのです。

「関係をやめなきゃいけない！」と思っているうちは、まだ心のほとんどがその人に奪われている依存状態です。

仮に連絡を取ったとしても、「そんなことよりこいつのSNSのアイコンだっせえな」と思えるくらいの距離感が確立されてはじめて、依存から脱却したといえるのではないでしょうか。

「メカニズムはわかってる！　依存脱却の方法を教えやがれ！」ときこえてきます。

これは、結論からいえば本当に難しいです。

「依存をやめる」と心に決めているかぎり、その人のことを考えていることと等しいからです。まして、簡単に連絡を取ることができる環境が整っていれば、なおのこと困難でしょう。

なんとも頼りないアドバイスで申しわけないのですが、自身の失恋時を思いかえしても「時が解決する」しかないように思います。特効薬はありません。

しかし、その「時」の長さがわからない。

「この辛い時間が一生つづくのでは?」とさえ思ってしまいます。

ですので、(個人差はあるものの)仮に「時」の具体的な目安をしめすとすれば……「時」「時が解決する」の「時」とは、早い人で1週間、長引く人でも2週間です。そのくらいの期間があればある程度の冷静な判断を取りもどせる印象があるので、まずは2週間「その人と連絡を取らない」ことに努めてみてはいかがでしょう。

そしてこの間、相手のことを考えないでいることは不可能なので、無理に「考えない」なんて努力はしなくても大丈夫です。なにをアドバイスしたってどうせ考えます。

そうだとしても、「考えるものだ」と割りきれることは大事です。

「あー考えてるなー私(僕)」と客観的にとらえたうえで、それは自分の心の動きのみであると認識し、アクションには起こさないことがカギです。

極論、2週間のあとであれば連絡をとってもいいでしょう。2週間ぶりの連絡を自分へのご褒美にして我慢のモチベーションにするのもかまいません。

2週間あれば相手のことを考えるなかで「なんで私がこんな理不尽な目に?」といっ

た不満や、「2週間我慢したのにまたあの報われない日々がつづくの？」といった疑問が大きくなっているはずです。

「依存から脱却するためには一生相手のことを考えちゃいけないの？」といった考えも捨ててしまいましょう。

我慢を一生ととらえることは、挫折の要因になります。

2週間といいましたが、辛いのは（人にもよりますが）実は数日です。

細かくいえば「連絡取らないぞ！」と決心の気持ち冷めやらぬ初日はなんとかなりますが、2日目、3日目あたりが峠でもあります（依存からの脱却に失敗した人も2、3日目でなんらかのアクションを起こしてしまうようです）。

傷ができた直後のかさぶたはかゆくて、治り具合がどんなものか、ついいじってしまうものです。

しかし、かさぶたをはがしてしまえば治りが遅いのは明白ですし、放置することで気にならなくなることも経験として理解しているはずです。

ほかには、2週間で別の人と会うこともオススメです。

いろんな人と会った結果、「やっぱ、いまのセフレが好きだわ」でもかまいません。

恋に盲目なうちは「この人しかいない！」となりがちですし、その2週間でほかに好きな人を見つけることを目的にしているわけではありません。

「選択肢はいっぱいある」ことを体感してみるのも依存脱却の手だと考えています。


また、その2週間を撮りためておいたドラマを消化する期間や、『こち亀』全200巻を読破するなどの期間と定めてもいいでしょう。

恋愛の場合における「時が解決する」とは、「冷静さを取りもどす」ことと同義であるように思います。

完治をゴールに設定してしまうとてつもなく長い道のりのように思え、くじけてしまいそうですし、「古傷が痛む」なんて言葉もあるとおり、心身共に完治しない傷だってあります。

依存脱却のゴールは、当初思っていた以上に近いということを念頭に置くことも大事なことのように思います。

Q.結婚ってそんなに大事なものかしら？

独身で彼氏のいない私は、飲み会の席などで友人から「早くいい人見つけなよ〜」といわれたり、恋愛のアドバイスをされることが少なくありません。私なりに「好きな人」の基準は明確にあるのですが（私の趣味である「お笑い鑑賞」に共感できる人がいいなと思っています）、34歳という年齢からか「結婚に向いている」人との交際を強くすすめられることが多く、まるで私の好きな人の基準はどうでもいいといわんばかりに友人は結婚を前提としたお付き合いの話をすすめてきます。そんなに結婚は大事なのでしょうか？　友人のなかには既婚者もいるため、まるで見当ちがいなことをいっているようにも思えず悩んでいます。（30代・女性）

相談のまえにムカついてきますね。アドバイス仕立てにまでして人の生き方にあーでもないこーでもないと口を出してくる人は、往々にして自分のいまの状況に不満を持っているのでしょう。

自分の人生に満足している人は、自分と他人を比較してまで人の足を引っ張る必要がありません。自分の人生を好転させることにエネルギーを使えばいいのに……と思います（ヒモの僕がいうのもなんですが）。

そのうえで、この相談に関しては断言することができるのですが、相談者のなかで答えは決まっているように思います。

趣味の「お笑い鑑賞」に共感してくれて、いっしょに楽しめる人。

一言一句このままでなにも問題ないでしょう。

友人のいっていることに迎合する必要などなにひとつありません。オールシカトでオッケーです。

仮に反論しようものなら、「あなたのことを思って～」などと飛んできそうでやたらタチが悪いです。

会社の付き合いで断りづらいとか、友人との間に波風を立てたくないのであればその場はうなずいてやりすごすのもありかもしれませんが、僕ならもうそんな飲み会には金輪際参加しません。

奢りならまだしも、ウン千円払って嫌な思いをするなんて……。

百歩譲って「そろそろ結婚を考えた方がいい年齢」という点で相談者が悩んでいるとしましょう。

たしかにある程度の年齢になると結婚を意識させられるといった風潮は男女問わず根強いです。

さらにいえば、女性は男性と比べ結婚・出産に介護に至るまで世間の比較の目がむけられがちであり、悩む機会もその分多いと考えています。

だからこそ、ここでは「好きな人の基準が明確にある」「結婚はそんなに大事か？」と考えている相談者の意思を尊重したく思います。

仮に友人の言葉どおり、結婚を前提としたお付き合いを経て結婚に至り、それなりに幸せになったとしましょう。

しかし結婚生活でなにか不和があるたび、「友人の（強引な）あと押しで……」といらぬ不満が襲ってきそうでもあります。

人の幸せはそれぞれですし、結婚願望が強い人や時がきたら結婚はするものである、という考え方を否定したいのではありません。

相談者のなかに明確な基準が存在しているのならそれに従わない理由はない、ということがいいたいのです。

はじめに「断言できる」と書いたことにも理由があります。

それは、いわゆる結婚適齢期であることや友人のアドバイスなど……「とりあえず結婚」の選択をする判断に至る理由が複数あることに対し、

「私はお笑い鑑賞の趣味を共有できる人といっしょになりたい」

と相談者の希望がシンプルなことです。

2つの選択肢で迷っているときは、理由の多い方が嘘っぱちです。

世間的に「？」とされる理由であっても、当事者にとって天秤にかけられるくらいウェイトを占めるものなのであれば、そちらの方がよっぽど重要であるように思えますし、疑問の残る選択をしたとしても結果として納得できないかもしれません。

この相談者は世間の風潮に疑問を持ちつつ自分の判断軸を明確に持っているので、万が一、「あのときの選択は間違っていたなあ」と感じたとしても、そのときはそのときで考えなおせるとも思います。

ともかく、この相談者は（本当は）悩んでいないでしょう。

ゴーイングマイウェイで大丈夫なように思います。

お笑い鑑賞を共通の趣味として出会える人なんて、ごまんといます。そのなかで話が合う人、気の合う人を探していけばいいでしょう。

決して「結婚が大事じゃない！」とはいいませんが、人によってその比重は異なるものであるはずですし、「やっぱ結婚したい！」と考えが変化したらそれはそのときに考えればいいと思います。

Q.いつまでも白馬の王子様が現れない

飽きっぽい悩みを持っています。

このまえも、瞬間的に「すごく好き！」と思った男性とお付き合いをはじめたのですが、なにか求められたりとか、束縛したい雰囲気を察知してしまい徐々にずれを感じ、「やっぱり好きじゃないかも……」と別れを切りだしてしまいました。

もちろん別れを切りだされた方がショックなのはわかりますが、これまでの私のお付き合いは全部同じパターンで終わりを迎えることが多く、「私は恋愛ができないのでは？」と自分で自分が悲しくなることも事実です。

友達に話してみても、「それでも次の人がすぐ見つかるんだからいいじゃん。贅沢な悩みだよ」とあまり真剣に取り合ってくれないことがほとんどです。どうすれば「飽き性」が治るでしょうか？　また、ちゃんとしたお付き合いをするにはどうすればいいですか？（20代・女性）

恋人の途切れない一見モテてる人の悩みって、贅沢な悩みとして自慢のようなニュアンスがふくまれてしまうことも多いようですが、モテている人はモテているなりに悩みはあるでしょうし、悩みに贅沢も貧相もないと思いますが……どうすれば飽き性が治るのか。

はっきりいってそれはわかりません。というよりもこの場合、飽き性かどうかは問題の本質ではないように思います。

結論からいえば、無意識だとしても相手を減点方式で見ていることが問題なのではないでしょうか。

まず相談者の「ずれを感じる」といういいまわし。あたりまえですが、「やっぱちがう」と思うということは、「ずれのない理想像」を描いているということです。

同時にこれまで自ら別れる選択をしつづけてきたのであれば（相手を多く比較できる立場にあればあるほど）、もっとぴったり相性がよい相手がいると期待していそうです。

「合わないいなら次の人に行けばいい」という点では僕もおなじ考えではあるのですが、これらを前提に考えてほしいことはふたつあります。

まず、最初の「好き！」という感情は、それが直感的なものであっても理論的に弾きだしたものであっても、長くつづくことは少ないと思っています。

叶わない恋にずっと苛まれていれば話は別かもしれません。

「好き」が報われないなら、その気持ちを肯定する材料はどんどん増えていくことでしょう。

しかし、この相談者は「お付き合い」に重きを置いているような印象も受けます。

もしお付き合いをいったんのゴールとされているのなら、なおさら最初の「好き！」はあてにならないのではないでしょうか。

付き合うまえと付き合ってからでは、相手との距離感はまるでちがってきます。

遠くからは発見できなかったニキビひとつだって距離が近くなればおのずと目に入ってくるように、距離が近くなればなるほど相手の嫌な点や受け入れがたい点はくっきり浮かびあがってくるものです。

それに、付き合うまでは相手だっていい格好をしていたかもしれません。お付き合いをしてからは、それまでの緊張感みたいなものはお互いにほぐれていきます。「付き合っているんだからあたりまえ」という具合にお互いが関係性にあぐらをかくことや、自分の主張をとおそうとすることもあります。

なので、この場合においての「好き！」から「やっぱ好きじゃないかも」はワンセットのものであると認識するところから、はじめてみてはいかがでしょうか。

少し味気ないので補足すると、付き合うまえの電撃のような「好き！」と付き合ってから育んでいく「好き！」の毛色は別ものととらえる、といいかえることもできます。


そのうえで、ふたつ目です。

毎回同じパターンで関係が終わるのなら、もしかするとこの相談者の理想は相当高いのではないでしょうか。

正確には「高い」のではなく、「狭い」と表現した方がいいかもしれません。

つまり、お付き合いしてからの相手の一挙手一投足に納得がいくかどうか……この基準がとても「狭い」のではないでしょうか。

このあとにもさんざん書きますが、自分の思い描くとおりのパートナーなんてそうそう現れないように思います。

狭い狭い理想像をかいくぐって、自分にピッタリ当てはまる人を見つけることこそが幸せだと信じて疑わない価値観をいったんやめにして、自分自身のなかで凝り固まったそもそものお付き合い像の見なおしからスタートするしかないのではないでしょうか。

「妥協しろ！」といっているわけではありません。相談者が理想の恋愛像を持っているように、相手だって理想の恋愛像を持っていることを理解するべきだということです。程度にもよるのでしょうし、いったんその是非は置いておきますが、相手の男性は束縛をすることも付き合ってからのあたりまえにとらえているようにも思います。

お互いちがう恋愛像をぶつけ合っても、その先に解決はないでしょう。

それならば、「好き！」は継続しない感情であることを理解したうえで、自分自身が求める恋愛像にとらわれず、関係性そのものを相手と探り合うのがいいと思います。

お互いにとって居心地のよい関係を模索し、その関係性を「恋人」と呼べばよいのではないのでしょうか。

9 プロヒモが答える恋愛相談そのあとに

ここまでいろんな恋愛相談と僕なりのアドバイスをご紹介してきましたが、実際にはその人のことや相手との関係性を見ないかぎり細かなことには深く言及できません。

僕は「人間関係を成功させる黄金方程式などない」とも信じています。

それに、仮に万人に当てはまる「恋愛のノウハウ」が確立されているのなら、それ以降恋愛に関する書籍や情報なんて出ることもないでしょう。

当事者不在の相談は根本的な解決には至らない

恋愛相談は相談者が相手との関係性に納得がいっていないことに起因するものが多く、それならば悩みはパートナーに打ちあけるべきであって、本来僕や第三者が解決できる問題ではないはずです。

もちろんだれかに話すことで思考の整理がついたり、パートナーに直接打ちあけづらい悩みがあることもわかります。自分で処理できる問題であれば波風立てたくない気持ちだって十分に理解できているつもりです。

ですが、結局のところ恋愛相談=「二人の関係性の悩み」に大事な当事者の一人が不在であるならば、どんな魔法のようなテクニックでいまの悩みを解決できたとしても、結局は「その場しのぎ」にしかならないのではないでしょうか。

「好きな人が振りむいてくれた」
「パートナーが以前よりも自分に対し友好的な態度をとってくれた」
など思惑どおりにことがすすめば、相談者はいったん満たされた気持ちになることでしょう。

しかし、関係性は流動的なものです。ふとした瞬間にまた嫌な考えが頭をよぎってしまう可能性だってあるでしょう。僕がその場で問題を解決させたように見えても、根本的な解決には至っていないことがほとんどです。

もっといえば、「〇〇することで嫌われちゃうかも!」と考えているのならば、それは無理をしているともいえます。

悩むくらい相手のことを好きだからこそ、「いまはいいけど今後嫌われたらどうしよう」「今日は素っ気なかったけど、私なにか悪いことした？」と不安やストレスが姿形を変えて襲ってくる未来だって、簡単に想像できてしまうのではないでしょうか。

それはやはり、悩みの根本や考えをパートナーと共有しないままに、相談者のなかだけで話がすすんでいるからです。

なかには、「話したけど聞く耳を持ってくれない、だから相談しているんだ」といった悩みをもちかけられることもあります。

いってしまえば、それもすでに関係性が成りたっていない状態でもあるでしょう。

仮に口約束で付き合っていたとしても、あなたの気持ちに応える素振りすら見せないのであれば関係性なんてあってないようなものです。

当事者を抜きにして話がすすむことや、もはや崩れている関係性のなかで悩むなんて独り相撲だし、時間も心ももったいないと感じます。

思い描いている恋愛像は個々人でもちがいます。

昔、クリスマスイブに新宿駅のホームにつづく階段の途中で「やっぱホテルに行かないか！」と女性に叫んでいる男性を見たことがあります。

くわしく観察していませんが、おそらく「無理」ですよね。だって「やっぱ」っていってるってことはすでに断られているし、もう駅構内に入ってしまっているし……。

また、先日、50代子持ちの男性が20代の新入社員に自分が「一途である」ことをアピールしつづけ、セクハラで訴えられたニュースが報道されました。

どちらも極端な例ですし、こういう人を擁護するわけでは決してありませんが、誤解を恐れずにいうと……おそらく悪気はないと思うんです。悪気がないからこそ問題だとも感じます。

たぶん、両者ともそれぞれ恋愛になにかしらの（歪んだ）〝美学〟を持っており、その美学や信条に沿って好意を伝えた結果であると思います。その先に「二人の関係性の成就がある」と信じて疑わなかったのではないでしょうか。

しかし、新宿駅のこの女性が恥をかいたことはたしかですし、セクハラを訴えた新入社員はせっかく入った会社で立場が悪くなってしまったかもしれません。

思いつづけていても、どんなに一途であろうとも、自分の要求をとおそうとするだけで結局は相手のことを考えていません。

なぜこんな例を出したかといえば、「一方通行」という点においてはパートナーが介在しない恋愛相談もいっしょのような気もしているからです。

関係性の悩みのほとんどは、「相手にもっとこうしてほしい」という希望とセットでもあります。

彼女が僕のことをどう思っているかなんて一生わからない

ヒモである僕は、一人暮らしの女性の家に寄生しているため、いっしょにいるスペースも当然狭いです。

そのうえ僕は会社に行くことはありませんし、コロナウイルスが猛威を振るう2021年6月現在、彼女もテレワークが敷かれているため、まるで雑居房に同じ刑期服役している受刑者ほどに二人でいる時間が長いです。

幸いお互い話すことが好きなので、四六時中どうでもいいことを「くっちゃべって」いるのですが、それでも彼女が真に僕のことをどうとらえているかなんてわかるものではありません。

もしかしたら彼女は僕の臓器を売る算段を密かにすすめているかもしれませんし、仮に僕が「いまの彼女は（僕の好みじゃないけど）母親の好みだ！」なんて思っていたとしても、口に出さなければわかりっこありません。

いえ、正確にいえば口に出したってわかりっこないのです。

心理学や脳科学、哲学の分野で使われる「クオリア」という言葉があるのですが、一言でいえば主観的に感じる「〇〇っぽさ」を意味します。

どういうときに使われるか簡単に説明すると……、

「トマトは赤色だが、僕が認識している赤色とほかの人が認識している赤色はちがうかもしれないし、その証明は難しいよね」

ということを説明するときに「脳の構造がいっしょでないかぎり、おなじクオリアが発生しているとはいえない」なんて使われ方をします。

考えはもとより、言葉ひとつにしたってとらえ方がさまざまである以上、発信者と受信者でまったくのずれのない意思疎通など不可能なわけです。

「好き」という言葉ひとつにしたって、その言葉が内包する意味はあまりに多すぎますし、シチュエーションによっても使われる意図はちがってきます。

子どもが親にいう「好き！」と、キャバ嬢に貢ぎまくった結果あっさりフラれ、「いままでのお金と時間を返せ！」といえない代わりに苦しまぎれに出る「やっぱ好き！」では、意味合いはまったく異なるでしょう。

唯一、他人と共有できるのは「孤独」だけ

つまりは他人がなにを考えているかなど、わかりっこないのです。

どんなに言葉を尽くしたところで脳の構造がちがうのだからすべての考えを共有することはできません。満たされているように見えるあの人だって、そういう意味でいえば孤独です。

「お先真っ暗」「暗中模索」……われわれが唯一共有できているかもしれない色はマイナスな表現に使われやすい色だと考えると、なんだか皮肉にも思えてきます。孤独を色で表すなら、「暗黒」をイメージされる人も少なくないんじゃないでしょうか。

いろんな例を尽くして「孤独じゃ！　孤独じゃ！」とわめいていることにも理由があります。それは、さまざまな恋愛相談を受けているなかで、言葉は異なれど「いつか運命の人が……」といった相談を男女問わず受けることが少なくないからです。

僕が心配してしまうのは、「運命の人」に対し、出会えば人生のすべてが好転する、私（僕）のことをなにもかも理解してくれる、といった「シンデレラストーリー」のニュアンスがふくまれていることです。

「いつか運命の人が……」といった相談は、「その人がずっと満たしつづけてくれる」といったふくみを持っていることも多いのです。まだ見ぬ人に対し人生をベットすること自体リスキーですし、仮にその目的をかなえてくれる人に出会ったとしても、なにもかも理解され、すべてが思い描くとおりである可能性はかぎりなくゼロに近い気がします。

だからこそ、「満たされる（＝孤独を埋める）」ために相手を探しつづけてもキリがないように思うのです。

特に女性は「満たされる」ことを目的に恋愛をすることが多いためか、「周りのみんなはうまくやってるのに、私はなにがいけないんだろう」と恋愛相談を皮切りに孤独をうったえるような悩みを話すのは女性の方が多い印象も受けます。

それはいまの社会においては男性よりも女性の方が比較される機会が多いからではないでしょうか。

もちろん男性の僕が女性の孤独を完全に理解できるとはいえません。ですので彼女とのやりとりのなかから至った考えであることも念頭に置いてください。

以前彼女が、「女の子は受験、就職だけではなく、その後の結婚出産にまで親が目を光らせているから大変よ」となげいていたことがありました。高齢化社会が加速したいま、親の介護も女性にその負担を背負わせる傾向にあります。

男性なら「独身貴族」、女性なら「お局様」

同じ財力や地位を持つ条件下においても、男女では扱われ方に差があります。

男性であれば、独り身を謳歌する「独身貴族」なんて生き方自体を肯定することばもありますが、女性ならどうでしょう。同じ生活をしていても「オールドミス」「お局様」なんてことばで揶揄《やゆ》されてしまいます。

同じ独身であっても、男性であれば「自ら選択した生き方」と尊重されるのに対し、女性は「結婚をできなかったなにか」に目線が向けられてしまう……女性は結婚ありきと考えられている節がある、といいかえることもできそうです。

仮に出産まで終えたとしても、子どもの公園遊びにはじまり学校やPTAでのやり取りを担うのは女性が多いため、「いい親」として比較対象になるのも女性に偏る風潮が強く、比較はとどまるところを知りません。

ヒモの僕からいわせれば男女の給与格差はそのまま僕の生活に響いてくるので、よこしまな心から「なぜ平等に扱われないんだろう？」と思ったりもします。

もちろん、「満たされたい」悩みを女性が多く持つ印象だって僕の体感です。男性は男性で、男同士の厳しい比較競争や、職場での同調圧力もえげつないのでしょう。

家庭では、仕事を頑張っているのに「パパの服といっしょに洗濯しないでー！」など娘からいわれたりもするらしいですが、比較をされるポイントが多い女性はそれだけ孤独を感じる機会が多く、男性よりも孤独に敏感になってしまう傾向にあると思っています。

プロヒモに学ぶ！

恋愛相談塾

1

それでも！ 懇意な人にふり向いてほしい人の心構え

関係性がうまくいってなかろうが、あきらめるべきといわれようが、この人しかいない！　と思っているあなたに、「能動的にさせる仕掛け」作りの一例を紹介します。

「いまから友達の男の子とご飯食べるんだけど、オススメのお店ある？」

以前僕は悩める相談者（女性）に代わりＬＩＮＥを代筆、こんな一文を送りました。

彼はグルメでいろんなお店を知っていることを聞いていたので、「あなたの得意分野を頼りにしている」自尊心をくすぐること、「俺以外にいっしょに飯を食う男がいる」という彼の焦りを煽ることを目的としています。

いろんなお店を知っている彼ならば、ソムリエのように的確なお店をアドバイスしたいと思っていることでしょう。案の定、矢継ぎ早に質問への返信と「オススメの店」のリストが送られてきたので、その次に、「友達、お金ないらしいからチェーン店にする」と紹介してくれたお店を全却下するメッセージを返信しました。

自分にゾッコンだった彼女がまさにいま知らない男と飯を食っていることに焦りを感じているのなら、現場が気になっているはず。しかも彼は彼女の友人の経済力からセンスを全却下された状況にあります。

結果、返信は数日に一度だった彼を、1時間後には彼女のもとへ急行させることに成功しました。

この後、2次会候補として自ら紹介したオススメの店に彼女を連れていくことを「オスとしての魅力、経済力は俺の方が上だ！」と気持ちよく感じてくれそうです。

「自尊心をくすぐるうえで、焦りを与える」小手先テクニックですが……こんな風に第三者から仕掛けを作ってもらうこともできるでしょう。

Chapter

4

プロヒモの真髄は「逃げるが勝ち」

10 人間関係も断捨離——しがらみなんておかまいなし

関係性を構築するなかで相手を見ることに重きをおくことと、いろんな恋愛相談に対し「合わないなら次、次」とアドバイスをしてきたことは二枚舌のようにも思えます。相手を見ながら関係性を構築するのが大前提とはいえ、我慢によって自分を消耗させてしまうくらいならいっそ新しい人を見つけた方がいい。どうせなら一生相性のいい人たちだけに囲まれて暮らしたい、というのが僕の持論です。

一生で何人に会う？一人に固執したって意味がないと思う理由

これまで不意に口をついた僕の出まかせのなかでも、相手に刺さることの多い雲をつかむような話をさせてください。

たとえば、男女問わず人生で1回でもご飯を食べに行くような関係になる人って何人くらいいるでしょうか。

僕は小学校から大学、社会人になってから出会った人に至るまでいろんな友達がいることが自慢です。趣味を聞かれておしゃべりと答えるほど、沖縄から地元に帰るときは友達と会えることが一番の楽しみであったりもします。

また、僕はこれまでヒモになるため飼い主になってくれるかどうかを確認すべく、年齢問わずいろんな人をいろんなところに誘う必要もありました。

コメダ珈琲店で相手からの「カワイイ」を引きだしたこともあれば、ガード下の居酒屋、終電ギリギリのタイミングで「カワイイ」を頂戴したこともあります。

その数に比例して連絡が取れなくなった方も多いことはさておき、だれかとご飯を食べに行く（奢ってもらう）機会は同世代と比べると比較的多い方だと思います。

そんな僕でも、一生で食卓を囲む人って1000人もいかないんじゃないでしょうか。

これこそが「合わないなら次いきゃいいじゃん！」と考える根拠です。

現在、日本には約1億2000万人が生活しています。

つまり、仮に1000人に会ったとしても、1億1999万9000人に会うことはないまま僕の一生は終わっていくわけです（こうしている間にも日本中で人が死んで生まれているわけなので、会えない人はもっと多いはずです）。

日本にかぎった話でも約1億1999万9000人倍「自分が一生会わない人」がいて、そのなかに相性がよかったりタイプの人がいたりすることになります。

これはすごい確率ではないでしょうか。

この数を見るに、僕はこれまで自分が会った人のなかだけで考え、疲弊したり無理をしたりしてまでつづけていく関係性など存在しないのではないか？　と思ってしまうのです。

ヒモだって人の子です。「ヒモなんてしてて恥ずかしくないの？」といわれたり、「あいつみんなに声かけてるよ」なんて陰口叩かれたりしたらそりゃ悲しいです。

それでも、日本だけでもこんなに人がいて、その分だけコミュニティが存在するなら、「別にどう思ってもらってもかまわない」と開きなおることもできるのです。

というよりも、嫌われた大多数の人間に対して嫌な気持ちになったり怒ったりすることよりも、友達や彼女ふくめこんな屁理屈をこねている甲斐性なしにまだ付き合ってくれている人を大事にすることの方がよっぽど有意義であると思っています。

もとより人生でかかわる全員に好かれることなんて土台無理な話です。ヒモの僕にとっては、一人の女性が「カワイイ」と思ってくれるなら、そのことの方が何倍も重要なのです。

渋谷スクランブル交差点ライブカメラの視点

あふれんばかりに大勢の人がいることをいますぐ確認するのにうってつけなのは、YouTubeの渋谷スクランブル交差点ライブカメラ映像です。

サッカーの祭典ワールドカップやハロウィンなどのイベントごとがあると、渋谷にたくさんの人がごったがえす慣習がいつからかできあがりました。

人は好きだが人混みが嫌いな僕はお祭りさわぎ状態の渋谷に行ったことはないものの、興味はあるので画面から渋谷を上空から観る卑屈な楽しみを持っています。

このライブカメラ映像が教えてくれることは非常に多いです。

まず、信号が変わるたびたえ間なく流れゆく人混み群が毎回ちがう人で構成されていることに驚かされます。

さらに詳細に観測をつづけると、

「すべての人がぶつからないように歩いている」「知らない人に声はかけない」なんて人間社会のあたりまえのルールを再発見することもできます。

そのうえで、画面に映っては消えていく人たちがそれぞれにちがう不安や喜びを持っている、今日がどんな日だったかもだれひとりとして同じ人はいない……などと妄想をふくらませていくと、とまりません。

映る人全員が別々のコミュニティに属していたり、いろんな関係を築いていたりすることを考えるに、やっぱり目のまえの人との関係性だけでどうしようもないほどに悩んで疲弊するなんてもったいないことのように思えてくるのです。

きわめつけはパソコンを閉じ、外に出ると……、「自分も、自分を苦しめるあの人も、あの大群のなかのひとつにすぎない」と自分のかかえる悩みや諸問題の些末さが浮き彫りになることもあります。

自分の想像の何倍も人の数やコミュニティが多いと知ることで、合わないと思えばいつだって逃げていいことや、意地悪な人に付き合う時間や心がもったいないということを身をもって理解することができますし、いろんな出会いを求めて恥をかいたっていいや。と勇気づけてくれるきっかけにもなるでしょう。

運命の人なんていない ヒモの思う「相性」

もちろん物理的にも時間的にもすべての人に会って吟味することは不可能ですし、どんなに探したところで、まるでデコとボコが合わさるような「相性100パーセントの人」なんていくら探したっていません。

逆にいえば、「袖振り合うも多少の縁」といわれているとおり、1億人以上のなかから出会ったことを運命ととらえるのであれば、それが「運命の人」です。

小学生のころ僕は友達とあるテレビゲームについて、「どちらのキャラクターが好きか」で大げんかをしたことがあります。

けんかの内容自体は小学生らしい他愛もないことなのですが……。

問題なのは、クラスでそのゲームタイトルを遊んでいるのが僕とその友達の二人だけであったことです。

クラスの大半に受け入れられないマイナーなゲーム、ハマっているのは僕と彼の二人だけ……ここだけ切りとればものすごく相性がいいように思えますが、最後の最後で三つ編みリボンが似合う女の子の幼なじみがいいのか、一見ツンとしているものの、最後にやさしさを見せる魔法使いの卵がいいのかで大もめしたわけです。

同じ学校の同じ学年、同じクラスで同じゲームを趣味とするまで気の合う二人だからこそ、ちょっとのずれがかえって大きな亀裂をうんでしまうことだってあるのではないでしょうか。

相性がいいことはあっても、お互いの持つ理想像が寸分たりともずれないなんてことはありません。

「じゃあ、やっぱり解決にならないんじゃないのか？」「いまの人間関係で妥協しろということか」ときかれれば、そういうことでもありません。

「めっちゃ人はいるけど、相性100パーセントでわかりあえる人などいない」と理解することが大事だと思うのです。

「相性のいい人」は関係性を「ゼロベース」で考えてくれる人

世間では、相性のよさを測るひとつの基準として、

「相手の嫌なところもふくめてまるっと受け入れることができるかどうか」

が、しばしば持ち出されます。

しかし、「妥協」だって「受け入れる」だって、「折り合い」だって言葉の選び方ひとつですし、我慢の程度も人それぞれです。

目のまえの人に固執するあまり「受け入れられる！」と虚勢を張る人も少なくないでしょう。そう考えると「相手の嫌なところもすべてまるっと受け入れることができるかどうか」の基準は、少し危うさをはらんでいるともいえそうです。

そこで、僕が考える相性のよさを測るひとつの基準を紹介したいと思います。

それは「関係性を『ゼロベース』で考えてくれる人かどうか」です。

これはヒモだからこそ強調できることでもあります。

たとえばいまの彼女でいえば、辛いものが苦手なので僕の好みに反し麻婆豆腐もカレーも甘口に作らなくてはなりません。また、会社に所属した経験のない僕に対し、ビジネス用語を駆使するスタンスがハナにつくことがあります。

「バッファってなんだ！　僕にもわかる言葉を使ってくれ！」なんていったりもしますが、いっこうにやめる気配はありません。

もちろんむこうにだって僕に不満はたくさんあるでしょうし、ないとはいわせません。

しかし、ここで強調したいことは、相手に合わせるヒモだって100パーセント相手に合わせることは不可能であること。

そのうえでなぜいっしょに生活できているかというと、一般的なお付き合い像を取っぱらったうえで、彼女が僕とのお付き合いを「私とあなた」を出発点としゼロから考えてくれたからです。

普通に生きてきて「ヒモを飼いたいなぁ」なんて思わないでしょう……。のろけるつもりは毛ほどもありませんが、二人にとっての居心地のよい関係をおたがいに考えることができたからこそ、共同生活がうまくいっているんだと思います（いまのところ）。

友人関係の悩みがないヒモが友人関係について考えてみた

最近フレンドとエネミー（敵）をかけ合わせた混成語「フレネミー」という言葉をはじめて知りました。僕はこれまで「合わないな」と感じた人とはたちどころに関係を断ってきたので、そもそも「フレネミー」の概念すら持っていなかったのですが、調べたところ……、

「友人を装って、相手をおとしめる人」のことを指すそうです。

「マウントを取る」「承認欲求を満たすために相手を利用する」などその行動パターンもいろいろあり、フレネミーとの付き合い方に悩む人が多いことも知りました。

フレンドといっていますが、正直ただのエネミーにしか思えません。わざわざ混成語を作ってまでカテゴライズする相手なのか？　とも思います。

フレネミーというものを考えると、僕は友人関係で悩んだことはこれまでほとんどないに等しいように感じます。

マウントを取ってきたり、口を開くたびに自慢してきたりといった人もいたような気はしますが……その人の顔や名前、嫌だった言動を思いだすことはできません。


それはその人のことを理解するまえに、「自分が相手に合わせすぎている」自覚や疲労を感じた瞬間「ご縁がなかった」とわり切り、その後自分からコミュニケーションをとることがないからです。

「寂しいやつ」と思われるかもしれませんが……相手だって「いっしょにいてもつまらない」なんて思われながら付き合いをつづけられるのは快くないでしょう。

僕は他人から「だれとでも付き合える社交的な性格」という評価をされることも少なくないですが、自己評価では真逆です。

（相手が僕のことをどう思っているかは別として）僕は「いっしょにいて楽しい人」とはできるかぎり仲良くしたいと考えているので、幼少期からの友達がいまも遊んでくれているだけ。

結果として友達が多そうに見えているにすぎません。

悩むくらいなら相性のいい人を探しに行く

学校などの閉鎖空間であれば逃げることは難しいかもしれませんし、フレネミーが友達の友達で……なんて悩みを複雑にさせている人も多いのでしょう。

そういった場合であったとしても、僕ならフレネミーがいるコミュニティには金輪際顔を出さないと思います。

「一筋縄ではいかない事情もある」なんていいかえされてしまうかもしれませんが、フレネミーがいるストレスに苛まれるくらいだったら僕は学校にも行きません。

仮に「フレネミーに困っている」相談を友達から受けたとするなら、

「自分が不愉快になってまで、相手の自意識を加速させる装置になる必要なんてない」

「会話が成り立たない相手なんだから無視でいい」

など（本当に苦しんでいるのなら）いいわけはきかずにフレネミーからひっぺがすのではないでしょうか。

ましてひとあわ吹かせようなんてやり返しの手段を講じたり、相手の不幸を願ったりすることもありません。

「この人いやだ！　逃げる！」

これが最善手だと思います。

達観しているのではなく……どんなアクションを起こしたところで余計面倒なことになる相手と見てまちがいないからです。

人間は数えきれないほど存在していますし、コミュニティだって無限にあります。

仮にフレネミー（や嫌だと思う相手）に対して「自分が悪い」なんて悩む人がいるのなら、それは完全に早計ってやつです。

人間関係の悩みなんて、世界のすべてのコミュニティから居場所をなくしてはじめて悩むくらいでちょうどいいのではないでしょうか。

なんにせよ、楽をしたいヒモだからこそ、相手がだれであれ互いに無理のない関係性でいられたらと考えていますし、「当人たちが満足できる関係が築ける関係性（＝関係性そのもの）」について考え合える間柄をもって「相性がいい」ととらえています。

あやふやな関係だからこその悩み

「『友達』だって、相性のいい人とだけ親交を深めていけばいい」ということでは解決に至らない問題を抱えている人がいることも理解しているつもりです。

そもそも友人関係を考えていくと、ほかに例を見ないほどあやふやなものであることがわかります。

恋愛のような口約束も伴わず「なんとなく」ではじまる友人関係は終わり方（終わったかどうか）も「なんとなく」、そのあり方だって「なんとなく」です。

たとえば「友達になってくれないか？」なんてセリフは創作物のなかではよく見聞きしますが、現実世界で耳にする機会はそうありません。

「親友」「友人」「知り合い」の境目だって塩梅ひとつです。毎日会っていても「知り合い」は「知り合い」のままですし、学校を卒業してから仮に一生会うことがなくても「友人」と思える人はいるでしょう。

また、呼び方がたくさん存在することも大きな特徴です。

「戦友」「飲み友」「ママ友」……ＳＮＳが普及するまえは「メル友」なんて言葉もありました。

関係性のはじまりからあり方、呼び方まで多様な友人関係を成り立たせるのは結局のところ当人たちの認識だけ。それさえあれば完了してしまう間柄に、「なぜ私たちは友達なのか」なんて理由は不要ですし、その中身だってそれぞれでしょう。

一方で、友人関係にまつわる悩みはこのあやふやさを発端とするものが多いように思います。

「友達は多い」と自称するが、結婚式に呼ばれたことは一度もない

「今度結婚式を開くんだけど、『あいつ』の連絡先知ってる？　出席してくれるかどうかききたいんだよね。連絡先知ってたら教えて」

これは、ある日小学校時代の友達から僕あてに送られてきたメッセージですが、僕自身の出欠はハナからすっ飛ばされていることに驚愕してしまいました。

ご祝儀を包めるかどうか、まして式場のある千葉みなと駅まで行く交通費を持っているかどうか……僕の経済能力を疑っている可能性もありますが、それならそれで僕に隠れてこっそり連絡を取り合いそうなものです。

少しショックを感じ、僕は「あいつ」の連絡先とともに、

「(……小一で仲良し3人組と呼ばれ中高こそわかれたものの、僕が予備校や大学をサボっている間、同じ居酒屋アルバイトの帰り道にカラオケ歌広場に行ったり君が最後に組んだバンドのロゴマークを作ったりした……)俺は？」

と聞き返したところ、

「ふみくん、結婚式とか無理でしょ。スーツ着て2時間も3時間も同じところにいるんだよ?」

と返ってきました。

なかばムキになり僕もその場で参加表明したのですが……後日素直に彼の助言を聞いておけばよかったと反省しました。

結婚式は彼のいうとおり、(僕にとって)ただ3万円が回収されジッとする会だったのです。主宰とはまた別の、懐かしい友達に会えること以外なにも面白いものはなく、ただただ早くスーツを脱ぎたかったことだけが記憶に残りました。

それでも、僕がなぜショックを感じたのか。

いわずもがな、「式の招待客に選ばれなかった」「自分は友人だと思っていたけど、相手は友人だと思っていない(かもしれない)」

という〝一方通行の片思い〟であるかもしれないことも理由でしょうが、

「僕と彼の共通の友人は招待客に選ばれていた」ことこそが最大のポイント。

簡単にいえば、「仲間外れにされた(ハブられた)!」と感じたわけです。

結婚式でなくても、友人同士の集まりに自分だけ誘われなかったことに一度は落ちこんだ経験を持つ人も多いのではないでしょうか。

僕がいない方が都合のいい場合だってある

僕が参加した友人の結婚式はこの1回きりです。

先の結婚式に「僕が人生で一度だけ参加した」と説明したとおり……僕不在の結婚式や飲み会、旅行の存在をあとから知ることなど僕にとっては日常茶飯事です。

もちろん落ちこみます。落ちこみますが、だからといって悩むことはありません。

その場に僕がいない方が当事者にとって都合がいい場合や、全体の満足度が高い場合が往々にしてあるからです。

決して卑屈になっているわけでも強がっているわけでもありません。

これまで関係性に対して「当人たちがよければいい」と書いてきたことと同じです。

友達だって「当人たちがよければそれでいい」のです。

僕はイタい性格であることを自覚していますし、アクも強くおしゃべりです。僕自身のパーソナリティを否定するつもりは毛頭ありませんが、もしかしたら僕が行くことで話したくても話すことができない人や話題が出てきてしまうかもしれません。

そう考えると、呼ばれていない会に行って和を乱すよりも呼びかけをした友達の采配に従った方が無難な気もしますし、「その場にいないこと」こそが友人に求められている態度なのであれば、その考えを尊重するのも友人だからこその対応です。

もちろん「わきまえた大人」を演出するつもりもありません。

僕は自己主張が強く嫌われることも多いので、せめて気が付ける範囲での配慮くらいは大事にしたいと考えているのです。

それに、「僕抜きの会」が連続して催されるコミュニティであれば、固執する意欲も起きません。

相性のいい人なんて探せばいくらでもいるはずなのに、無理して友達でいつづける理由もないからです。

（なぜか）ヒモにもちかけられる会社の悩みには「やめろ」としかいえない

いま僕は「楽しそうだから」の1点のみで沖縄で生活をしているだけのヒモなのです

が……。


「会社やめたい、沖縄ってどう？」

「いまの職場が合わない気がする、どうすればいい？」

なんて今後のキャリアや職場についての相談もされます。


変な生き方をしているからこそ、自分が間違っていないかどうかの指針に活用されているのかもしれませんが……正直、わかるわけありません。

僕は会社に入ったことがないうえ、「フリーランスで生きていこう」とも「ヒモで大成してやろう」ともいっさい考えたことがないからです。

楽になることに余念がなかったうえ、ラッキーにラッキーがかさなって流れ着いたヒモに、社会保険とか転職とか今後のキャリアなどきかれたってチンプンカンプンです。

なので、僕はそういった会社の悩みに対しては、毎回「やめちゃえば？」と伝えてきました。

無責任に思われるかもしれませんが、僕にはこれしか返せないんです。

だって、真っ当に生きようとしていないヒモの僕に相談している時点で、「やめたい、肩を押してくれ」でお察しでしょう。

そのうえで、会社がなんなのかよくわからない僕に会社での相談をしてくるということは……掘りさげて聞いてみると、人間関係の悩みであることも多いからです。

嫌な人と働きたくない気持ちだけはわかる

バッファもスキームもアジェンダもわかりませんが、バイト先を30個渡り歩いてきた僕には「職場の働きやすさは人間関係に左右される」……これだけは痛いほどわかります。

僕の初アルバイト先、ステーキハウスの店長は相当なくせ者でした。

お客さんのまえでアルバイトを怒鳴ったりすることはあたりまえ。お調子者キャラクターを気どって女性店員に抱きついたりするなどのセクハラ・パワハラ行為が絶えない人でした。

これまで関わってきた大人は、学校や習いごとの先生など自分を守ってくれる味方がほとんどでしたし、なにより僕も初のアルバイトなので「バイトとはそういうもの、社会と大人は厳しい」と気持ちをおさめ、嫌な気分でアルバイトをつづけていたのですが……。

ある店長不在の日、そのステーキハウスの料理長が僕に「悪いことといわないからやめた方がいい。この職場はどうかしてる。現にいま、みんなでいっせいにやめようとしている」と耳打ちしてくれたことがあったんです。

もちろん次の日にやめました。

「やめることに抵抗がなかったか」ときかれれば、多少は不甲斐なさをおぼえたような気もしますが、「やっぱりこのアルバイト先はやばいんだ！」といった確信と、金輪際あの現場に行かなくてもいい安堵感の方がずっと強かったように思います。

会社の悩みに対して引き合いに出す例が学生時代のアルバイト経験しかないことに心もとなさを感じていますが……実際に僕の根拠のない口車にのって会社をやめた人は何人かいます。

その人にとってそれが最善の選択だったかなんてわかりませんし、あくまで僕の周りだけの話なので仮にあなたが会社をやめたところで責任は持つことはできませんが、会社をやめた人はだれ一人として後悔していません（少なくともみんな顔色がよくなり、ネガティブな発言はしなくなりました）。

「これがあたりまえなんだ！」と信じていたステーキハウスも、その他いろいろ人間関係が複雑であったバイトも、やめていっさい後悔はありませんでした。

もちろん社員となれば、上下関係や人間関係のあつれきに比例して、「やめづらさ」も学生アルバイトの比ではないことは理解しています。

退職の決断には、給与に部署、次の転職先が持つ印象などの複合的な理由がからみ合っているものだと思うのですが……そういった建設的な転職相談であれば、僕に相談する意味がますますわかりません。

キャリアや転職に関し、かろうじて僕が言及できるのは職場の人間関係の悩みだけ……それなら僕は相談の中身がなんであれ、「やめちゃえば？」としかいえないのです。

超親不孝のヒモが「親孝行」について考える

親子関係だってひとつの人間関係である以上、悩みは発生します。

僕は大学まで出してもらったうえに、沖縄でぼけっとしているヒモです。世間から見れば「超親不孝」であることに間違いありません。

親の心子しらずを承知で勝手なことをいわせてもらうと、親子関係の悩みは恋人や友達、会社の人間関係とはまたちがった複雑さを持っていて、これはこれで厄介です。

親子の悩みは普遍的であるにもかかわらず、「悩み」と思うことすらタブー視される特徴を持っていると僕は考えています。

先日僕は同級生の女性の友達から「家族に仕事と嘘をついて、年末年始をビジネスホテルですごしていた」という話を聞きました。

家族でいっしょにいるときに親から「結婚！　結婚！」と切りだされることにうんざりしていたのが理由らしいのですが、親に「うんざり！」とはいえず、「仕事」と嘘をついていることに問題の根深さを感じました。

僕は三人兄弟の長男で、下に妹が二人います。

「家をつげ」「孫の顔を見せろ、最低二人だ」

といまも親からいわれつづけています。

さらに僕のヒモ生活に親不孝を感じる人もいるかもしれませんが、

「親は大切！　だが、距離が近すぎることで僕の人生はつまらないものになるのでは？」

と悩むきっかけが、僕には幼少期よりたくさんあったのです。

毎日1リットルの牛乳に骨格矯正ギプス

母は僕を2歳のころから学習塾に通わせるようないわゆる教育ママだったのですが、その偏り方は凄まじいものでした。

学習塾はもちろんのこと、体操、英語教室、スイミング、絵画教室、剣道、音楽教室などの習いごとは幼少期にひととおり経験しています。

ここまでなら「子を思うよい母親」かもしれませんが、高身長に育ってほしい思いから4歳の子どもに毎日1リットルの牛乳を飲むことを課したり、「身長を伸ばすための骨格矯正ギプス」を装着させたりするのはいかがなものでしょうか。

いま僕は163センチ。もちろん特殊な変化球を投げられるようにも育っていません。

書いていて思い出したのですが、魚から抽出される「ドコサヘキサエン酸」という栄養素を僕は幼稚園のころから知っていました。「魚を食べると頭がよくなる」という情報を仕入れた母が、僕に牛乳を飲ませるタイミングでドコサヘキサエン酸サプリメント

のカプセルをドーピングしていたからです。

また、母は僕に「身体ではなく、頭を使う職業に就いてほしい」希望も持っていたため、子どものころいっさいの野球中継・サッカー中継をシャットアウトしていました。

その一方で、中学のころは病院に連れていかれ、ピアス穴を開けにいったこともあります。母に理由を聞いたら「アメリカではあたりまえだから」であるそうです。

大学受験の前日に頂戴した言葉は「がんばれ！」でも「ベストをつくせ！」でもありません。

「あなたが早稲田以上の大学に受からなかったらお母さんはなにをしでかすかわからない」

脅迫こそ、我が家の激励であったのです。

ほかにもエピソードをあげればキリがありませんが、極めつけは「早稲田以上の大学さえ行ってくれれば、あとは自由にしていい」といっていたのにもかかわらず、大学3年のころに大手広告会社の就活パンフレットを持ってきたことです。

もう母に振りまわされることも嫌でしたし、

「どうにか逃げないと、一生いいなりになってしまう」

と判断する大きなきっかけにもなりました。

ヒモという選択はさておき、「そりゃ逃げるか」と共感してくれた人がいると信じて話をすすめると、ここまで偏った教育を押しつけられてきた僕は、逆にいえばある意味「逃げてもいい」免罪符を簡単に手に入れることができていたぶんラッキーだったとも思っています。

親が構える「あなたのことを思って」の盾は強固

真の問題は、

〝どの家にも大なり小なりなにがしかの親子関係の問題があるはずなのに、我が家のように「圧」が極端でなく意識しづらいがために、無意識に不自由を感じていたとしても気づかない。あらがう材料もとりたてて見あたらない〟

ことにあると考えています。

たとえば、道徳の教科書に描かれるような「ザ・理想的な家庭」があるとします。その家庭では「親孝行してしかるべし」ですし、「介護はしてしかるべし」です。もちろん親孝行や介護を否定するつもりはありませんが、そこに子どもがいっさいのプレッシャーを感じないということはないでしょう。

我が家と異なり「あなたの好きに生きなさい」といってくれる理解のある親もいるとききますが、その言葉を本当に額面どおりに受け取っていいものかも悩みどころです。「あなたの好きに生きなさい」に対し、「かーちゃん！　俺！　オレオレ詐欺で生きていくよ！」は受け入れられるでしょうか。僕が親なら殴ります。

詐欺は極端な例ですが、実際には「あなたの好きに生きなさい」のまえに（いい大学に行きいい会社に入ってor公務員になって、いい給料をもらい、私の老後の面倒も見てくれるようないい人と結婚し、孫の顔も見せたうえで）、が省略されているケースだってあるでしょう。

いずれにせよ、家族の問題は表面化しにくく（させにくく）、たとえ苦しかったとしても「逃げる」ことがとりわけ選びづらい人間関係であることはたしかです。

「でも大学行かせてもらってるじゃん！　あなたのことを思ってやってくれたことなのに親のことをそんな風に書くなんて！」と怒る人もいると思います。

本当にそのとおりで、育ててくれたことに感謝はしているんです。

育ててくれたからこそ、親が構える「あなたのことを思ってやったこと」の盾は強固なんです。

ややこしい言い方をすると、親子関係の問題は、「問題視すること自体不道徳に感じられてしまうこと」が問題であるように思います。

親はものごころつくまえからいるわけですし（「DV」などの極端な例を除き）、大切であることに理由はいりません。

「親にとって子どもはいくつになっても子ども」ですし、親が唯一無二の存在であることにだって変わりはありませんが、かつてベビーカーを押していた親も歳をとり、今度は成長した子に自分の乗った車椅子を押してもらうこともあるでしょう。

そうだとすれば、親も子も、老いや成長によって親子関係の中身が流動的に変化していくことを理解する必要があるのではないでしょうか。

切っても切れない親子関係だからこそ「親子のあたりまえ」の枠をいったんはずし、「それはそれ。これはこれ」と感謝と苦しみを切りはなして、関係性のあり方を模索する機会は何回だってもうけてもいいように思います。

もし仮にあなたが親子関係をきゅうくつなものにとらえているなら、ときに世間の「理想の親子像」から大きくずれてしまうことすら覚悟のうえで話し合う。反抗だってしてもいいでしょうし、結果としてうまくまとまらないのなら逃げたっていいと思っています。

もちろん親のいうことが正しい場合もありますし、お互いをお互いに思う気持ちはどちらもないがしろにできるものではありません。

ですが血は繫がっていても、親と子だって別の個体です。親の希望を叶えたうえでさらに自分の希望も叶えられるというケースは稀なことのようにも思います。

「仕事」と嘘をついてまで家族との時間を避ける友人の例のとおり、内容もナイーヴですし、親と正面きって話すこと自体気恥ずかしく感じられる人もいるでしょう。

あくまで僕のケースをお話しすると、話し合いは試みたものの譲り合いの余地が残されておらず、お互い意見を押しつけあうだけで意見が平行線になってしまったので、「いったんの区切り」を作ることで僕は親との関係に折り合いをつけました。

母の言葉どおり「大学さえ行ってくれれば、あとは自由にしていい」をもっていったんの親孝行とし（一方的ですが）、距離を置きました。

しかし、僕は親ではありません。

すべて「子ども」側からの意見にすぎませんし、親になったら考えが変わるかもしれません（なれるかどうかは別の話です）。

そして僕は母と距離を置きこそすれ、彼女のことをまったく恨んでいませんし、現在「あのときのあなたはオカシイ」と話して笑い合える間柄であるということも強調させてください。

いろいろと被害者づらしたエピソードをならべてきましたが、幼少期に僕の母が毎晩絵本を読み聞かせてくれたことは僕にとってなににもかえがたい大事な思い出ですし、いま生きているなかでも有意義な時間だったと振りかえることができます（母の偏向教育の「良し悪し」がはっきりしていたことは、親子関係とその関係に付随する諸問題を切りはなして考えることにつながっていたようにも思います）。

とはいえ僕は母のいうとおりばかりで生きていくことはできません。

このあと仮に親孝行をするのならとりあえず……まずは自分が満足したあと、余剰の力で「できることをする」くらいに思っています。

11 わかりあえる人なんてこの世にいない

僕のようにいろんな人間関係から逃げていると、「苦手な人と付き合うのも成長」といわれてしまうことが少なくありません。たしかにいまは会うのがおっくうな人でも、時が経てば仲良くなれることだってあるでしょうし、「うまいこと身をこなせるようになった」と自分自身の成長を感じる瞬間があるのだと思います。

しかし克服するまでの間、苦手な人と接触するたび緊張に見まわれる事実は変わりありませんし、我慢するにしたって限界はあるでしょう。

実際仲良くなるまえに心が折れそうになる人なんて、とんでもなくたくさん現れます。時間が経ったってその人を克服できる保証もないばかりか、どんどん苦手意識が強まるケースだってあります。

得られる成長だって今後新たな苦手な人に出会ったときに発揮される類の能力でしょう。そもそも人生で苦手な人と出会わないのであれば、そんな能力は不要ですし、出会わないに越したことはありません。

僕はどんなに自分のことを考えてくれた助言であっても、自分にとって腑に落ちない内容であれば即刻聞き流し、場合によってはその人自身からも逃げてきました。

結果、いま僕の周りには、「苦手な人と付き合うことも成長には大切」という人がひとりもいません。

「恩知らず」といわれようが「怒られるうちが花」なんて正当化されようが「後から苦労するよ」なんて脅されようが、嫌なものを遠ざけてとにかく面倒ごとから逃げるように生きていたいのです。

このような人間（関係）は、一般的にほめられない嘆かわしい人間なのかもしれませんが、みんなが「だれとだってうまいこと付き合える」保証があるのなら、そもそも人間関係で悩む人だっていないでしょう。

苦手な人を逐一克服するよりも相性のいい人を探したり、その人とできるだけ長くすごす時間を多くとったりすることの方が、僕にとっては楽で建設的なことなのです。

アドバイスもお説教も喉を通らないなら「毒」

「高い能力を持っているのだから、すぐに転職した方がいい！」

会社から退職後、友人からそう助言され、そのエールに悩んでいる大学の後輩もいました。

もちろん善意からの助言で間違いなさそうですが、自分を見つめなおす期間を確保したかった後輩にとって、それが善意だったからこそ悩んでしまったわけです。

私たちは「善意を無下にしてはいけない」と習ってきました。

大事な友人からのアドバイスならなおのことでしょう。助言をないがしろにしたり、お節介に思ったりすることすら失礼に感じてしまいそうです。

しかしいくら仲のよい友人からの「助言」でも、お世話になった方からの「忠告」であったとしても、いま咀嚼することが苦しいのであれば（今後役に立つかもしれなくても）、僕は「毒」と判断していいと思っています。

異なる価値観から善意で持ちこまれた「薬」は、自分にとっては「毒」であるかもしれません。

僕はこらえ性がないので「説教・指図・怒られるの嫌〜！」と思った瞬間にその発言者からも尻尾まいて逃げてきましたが……とはいえ、関係を断ってから遅効性の薬のようにジワジワときいてくるアドバイスもありましたし、「もうちょっとちゃんと人物を見た方がよかった」と反省することもあります。

しかし、友人であれ恩人であれ、その人の言葉に対して「辛い。ありがたいけど、辛い」とアンニュイな気持ちばかりがふくらんでしまうようなら、人物と行為を切りはなして考える。「罪を憎んで人を憎まず」の「罪」を「善意」に当てはめてもいいかもしれません。

みんな孤独…でも孤独ってすばらしい

そもそも僕は、人間関係を深く考えていません。

どんな関係性、どんな間柄であったとしても、悩むことを面倒に感じた時点で思考を放棄して身体が逃げているからです。

あけすけにいえば、「悩むだけ無駄」な問題を考えてまで心をすり減らして、嫌な気持ちを持っていたくないのです。

人間関係の問題をひもといていくと、「自分の本当の思いをわかってほしい、けど叶わない」なんてジレンマにぶつかることも少なくありません。

「わかり合える人がいる」と信じている人だって、それは個人の脳内でそう処理しているだけで、脳幹をつなぐとかしないかぎり、相手が本当のところどう思っているかたしかめるすべはありません。

親や恋人も自分とは別の人間です。見えている景色や言葉の解釈もちがうのだから、わかり合えっこないのです。

友達が多くたって、長年付き合っている恋人がいたって、個々人の集まり。

「友達がいたら孤独でなくなる」

「彼女がいたら孤独でなくなる」

と条件が満たされれば孤独でなくなるなんてこともないでしょう。瞬間的に思いが合致することはあれど、思いや感情を共有することができない以上は孤独です。

それでも私たちは、「わかり合えっこない孤独な存在」という1点においてのみ、共感することができると思っています。

「寂しいやつ」とか「本当の愛を知らない」なんて声も聞こえてきますが、僕は人間が孤独であることを悲観的に思っていません。むしろその逆です。

孤独は文字面だけ見れば世界の終わりのような雰囲気もただよわせていますが、見方によっては相当楽なことなのです。

有名芸能人の不倫や離婚がニュースに取りあげられ一瞬驚いたふりをするかもしれませんが、実際は自分の人生にほとんど影響を及ぼさないのと同じです。

「今日の晩ご飯どうしよう、麺類がつづいたしな……けどお米もな……」と考える時間の方が圧倒的に多いんです。

有名芸能人ですらその程度。

私たちは「お互いに興味をそこまで持っていない孤独の集団」であることをきちんと理解し、他人から得られる充足には限界があることを知れば、自分の孤独を満たすために相手に無理をいうことだってなくなるはずです。

Chapter

5

得意不得意を見きわめる
プロヒモ流仕事論

12 会社員逃れのいいわけで固まった職業観

就職とは、なんなのでしょうか。一度も会社勤めをしたことのないヒモは、就職活動をする際にこの疑問にぶつかりました。

もちろん僕は大学受験だって「タダで4年間のモラトリアム時間を手に入れられる」と思ったための選択にすぎず、将来のためとか就職に有利とかそういう考えで早稲田大学に入学したわけではありません。

就職活動をする意味も就職する意味もわからなかった

就職活動とはなにをすべきなのか、ましてなぜみんなが示し合わせたかのように就職活動をはじめているのか……大きなとまどいをおぼえました。

インターンやOB・OG訪問、説明会にSPIなどの言葉がとび交っていますが、どれひとつとして意味がわかっていません。

「いったいみんなどこで就活の情報を手に入れたのか、不思議でしょうがない」ことを、探検部で訪れた離島の浜辺に落ちていたゴムボールと流木で野球をしながら、僕と同じように留年の確定した半裸の友達と語っていました。

その友達すらもリクルートスーツを着だしたころ、やっと「なるほど、卒業したらどこかの団体に所属する必要があるのか……」とぼんやり思いはじめた記憶があります。

そのころ同棲していた歳下の彼女さえも就職活動をはじめたことから、「なにか本格的に活動をしないと家に居づらくなる」という危機感をおぼえ、僕も（僕なりに）真面目に就職活動をはじめてみることにしました。

しかし……知れば知るほど疑問がふくらんでいっ

ただけのように思いました。

なかでも最大の疑問は、みんな就活がはじまってから短期間で選んだ会社に納得がいくかどうかは二の次三の次で、「内定をもらうこと」こそが就職活動のゴールであったことでした。

「なぜ大げさに自分を語ってまでして、そんなついこの間知った会社に飛びこもうとするのか」

僕は次第に就職活動を「周りに流されて行う活動のわりにはリスクが高い」ととらえはじめるようになりました。

もちろん給与や待遇、業界に会社の持つブランドバリューなど、それぞれみんな「軸」はあると思いますし、食べていくためなら職種や会社の大小は問わない人もいれば、「いったん3年勤めてそのあとは……」なんてキャリアプランを就職まえから練っている人だっています。もちろん納得がいっていなくとも就活のシステムに乗っかった人もたくさんいるでしょう。

ごくわずかな短い期間では希望の職業は思い浮かばなかった

就活を否定しているわけではなく、あくまで僕にとって最後まで理解できなかったからこそ生まれた疑問でした。

いまは会社勤めの途中でいろんな選択をすることもできますが、それでも終身雇用とはいわないまでもできるだけ長く勤めることを目的に企業選びをする人も多いと思います。

しかしホワイトな企業だとして、月から金までこれから毎日同じ場所に行く会社です。同じ時間に同じ場所に行くことが困難な僕にとっては、なぜみんながそんなに短期間で就職先を選ぶことができてしまうのか……あたりまえのように慣習化されているものの、存外向こうみずなシステムであることにやっぱり最後まで納得がいかなかったのです。

ものすごく正直なことをいうと、就職に関して深く考えたことだって、いまのいままで一度もありません。

もともと4歳のころから「会社勤めは無理」と思いつづけていましたし、突然はじまるごくわずかな就活期間のなかでは将来の夢や希望の就職先なんてまったく思い浮かばなかったんです。

「就職活動をしないと、ヤバいことになる！」

「テレビ局の最終まで行ったんだからどこかには受かる！　受かったところに入るんだ！」

などとさんざん説明を受けましたが、「毎月まとまったお金が手に入ることはたしかに便利かもしれん」と思うだけで、就職することの意味自体は全然ピンとこなかったんです。


僕にとっては経済的に不安定になることや社会的な信用が失われていくことよりも、突如決まった興味のない会社に行き興味のない仕事がつづく毎日の方が恐怖を感じることでした。

もちろんヒモ生活をつづけるリスクだって考えていませんでしたし、「なんとかなる」希望も「なんともならなくなる」不安も持ってはいません。

「楽か楽じゃないか」を天秤にかけた結果、「いまは帰る家があるからよし」としていただけで、将来に計画を立てることからも逃げる選択をして、僕の就職活動は幕を閉じました。

「逃げる」をくりかえすうち
自分の「得意／不得意」が見えてきた

人生に選択肢があらわれるたび、
「楽か楽じゃないか」
「楽しそうか楽しそうじゃないか」
という基準のみで判断。一番苦労のなさそうに思える選択をしつづけてきた僕は、嫌なことから全力で逃げてきました。

しかし、逃げつづけるなかで手に入れた思わぬ副産物もありました。

それは「逃げる／逃げない」の判断をくりかえしているうちに、「できること／できないこと」「得意／不得意」を客観的な目線から把握できるようになったことです。

家事はまったく苦に思わないのでヒモ生活がつづけられていますが、おこづかい稼ぎの手段であるライターの仕事にも同じことがいえます。

逃げつづけることに自信がある僕が「なぜ仕事をしているのか」と思われる人も多い

かもしれませんが、おこづかいくらいは稼がないとヒモ生活そのものが危ぶまれるかもしれません。

僕がヒモ生活を送るうえでストレスを感じずにつづけられる仕事がライターだということです。


これまでいろんなアルバイトを経験してきましたが、どれも2年つづいたものはありません。

志望段階ではいずれのアルバイトにもなにかしらの魅力を感じていたはずなのですが、同じ時間同じ場所に行くことはもちろん、作業がマンネリ化してしまうことにも嫌気がさしてすぐやめてしまっていました。

しかし、自分の希望とは関係なく舞いこんできたライターの仕事だけは、4年くらいほぼ毎日つづけることができています。

これは僕にとってストレスを感じずに毎日つづけられる仕事であるからですが、もう少しほり下げていえば、「ライターに求められる能力が僕の得意分野と合致しているから」であると推測しています。

ライターに求められる能力はもちろんいろいろあるでしょうが、そのうちの「情報網が広いこと」「ネタ出しとリサーチ力」「人会わせの場を作ること」が僕の得意分野です。なかでもとっておきは、3つ目の「人会わせの場を作ること」。

案件を発注したい編集者とライター、取材対象者や有識者を会わせる場をもうけることは僕にとっては朝めしまえであるものの、みんなが厄介に感じる面倒ごとであったりするからです。

専門性の高い仕事が舞いこんできたときには友達にまわしたり、その案件を成立させるために新しい交友関係を作ったりすることもあります。

憧れの職業すなわち天職ではない

逃げっぱなしの人生でヒモ生活を維持するために自分の得意・不得意を見きわめてきた結果、僕はいまのヒモ兼ライターという生活に着地しています。

あらかじめ自分の「得意／不得意」を細かく把握しておくことは、就職する職場や職業、職種に目星を付けられることと、いまの職に見切りをつけるための判断材料として有用であると感じています。

「憧れの職業すなわち天職」とはかぎりません。

あたりまえ！　と思われるかもしれませんが、憧れとまではいわなくともそれなりに納得し、期待に満ちて入社したにもかかわらず、いざ業務をこなしてみたら「思ってたのとちがった」「自分の得意分野だと思ってたけどそうでもなかった」といった新入社員と会社のミスマッチはしょっちゅう生じていますし、日本企業の新卒3年以内の離職率が約32％と高いのもまた事実です。

「コツをつかむため3年はつづけろ」に物申す

世間では「コツをつかむためにも3年はつづけなさい」とよくいわれますが、「人や職業によって度合いはあれど、克服できないものは克服できないし、つづけられない仕事はどうしたってつづけられない。その事実を無視してまで3年を遵守する必要はない」
ことをあらためて進言したいのです。

「得意／不得意」を把握していない状態では、自分のなんとなくの勘や漠然とした憧れ、世間的な印象のよさを重視した職業選択をすることになります。勘や世間体で選んだ職種が天職かはわかりません。世間でいわれる判断基準に従い「まずは3年」とためらいもなく腰を落ち着かせるのが本人にとっていいことなのかも不明です。

せっかくであれば「しまった」と思うまえに、「得意／不得意」の把握と職業に求められる能力の細分化はしておきたいような気がします（会社に一度入ってしまえばやめるのはそれなりのハードルがあることも聞きかじっています）。

もちろん「しまった」となったあとだって、職業や職種を変えてはいけないなんてルールはありません。しかしそのときにまた、「次はこの仕事がしたい」「給料が高い仕事」といった自分の希望だけでなく、「得意／不得意」の視点からも考えることが重要だと思います。

その方がストレスなく業務をこなせて、結果的に長期でつづけることができる可能性が高いからです。

そもそも「3年」とは、なにをもって3年なのでしょうか。

たしかに仕事をやっとおぼえてきたころにやめてしまうことはもったいないように思

えますし、3年も経てば目のまえの仕事だけでなく会社全体やかかわっているプロジェクト全体を見まわせる広い視野も持つことができるようになるでしょう。

頼られる機会も増え任される仕事の範囲も広くなるばかりか、自分にも後輩ができると聞きました。

そう考えると、同じ職場であっても入社直後と3年経ったあとでは、やはり仕事のとらえ方になにかしらの変化が訪れそうです。

しかし、それでも目安は目安。

仕事の内容もちがえば関わる人間もちがうので、目安は万人に当てはまるものではないはずです。

なぜ、会社に入ったこともないくせにこの「3年」に物申しているのか……。

それは「この仕事、思ってたのとちがうからやめたいけど、すぐにやめると我慢が足りないと思われるかも……」というように、3年という漠然とした数字に苦しめられている人が意外にも多いからです。

僕は嫌なアルバイト先には5分といられないので、3年という途方もなく長い時間我慢をしていることも信じられません。

仮に3年が経ったとしても、入社した会社や業務にコツをつかめる保証だって実際にはありません。

3年経たずにコツをつかむ人だっているでしょうし、みんながいうとおり「3年つづけて無理だったから職業を変える」人がコツをつかむのは5年目のことかもしれません。10年経過したってコツをつかめないこともあるでしょう。

そもそも「コツをつかむ」なんて、主観的な判断です。なにをもって「この仕事にも慣れてきたか」も人によりけりならば（自分に甘い人は及第点が低いでしょうし、逆もまたしかり）、上司の評価をあおぐにしたってたまたま当たった上司の判断にもよるでしょう。

境遇も環境も仕事内容もちがうすべての人に「ひとまず3年」を適用させることは、ナンセンスにも思えてきてしまうのです。

13 「好きなことを仕事に」なんてあてにならないアドバイス

職業に関しての数々のテンプレ化した言葉として、「好きなことを仕事にすればいい」なんてアドバイスを耳にすることもありますが、僕にいわせればこのアドバイスほど信ぴょう性のないものはありません。

相手のことを思ったうえでのアドバイスであるように聞こえるかもしれませんし、善意がないといいきることはできませんが、僕には「ＹｏｕＴｕｂｅｒになりなよ」「起業しちゃいなよ」とおなじくらいなにも考えていない……その場しのぎのアドバイスに思えてしまいます。

僕はゲームが好きですが、じゃあ「プロゲーマー」や「ｅスポーツ選手」で食っていけるか？　ときかれれば、その可能性は低いといわざるをえません。最近ではゲーム実況者になってお金を稼ぐ手段などもありますが……希望したからってなれるものではないことは、火を見るよりあきらかです。

ちゃんと生計を立てられているのはごくごく一部の人間だけですし、「俺プロゲーマーとして生計を立てていく」はやってみる価値はありそうですが、「好きなことを職業にしろ」とアドバイスした人の納得のいくアンサーでないことは明白です。また、ゲームをプレイすることがそのままゲームクリエイターとしての能力（企画にストーリー構築にプログラミングの能力など）につながるかときかれれば、それもまたまったく別の話です。

スポーツ選手にしたってアーティストにしたって、「お金を稼げること」と「好きなこと」が重なっている人はレア中のレアケースですし、もっといえば「好きなこと」が義務感を帯びた瞬間につまらないものになってしまい、「好きでなくなってしまう」ことだってよく聞く話です。僕が好きなゲームだって、プロゲーマーの練習量に匹敵する「1日10時間」なんてノルマが課されたら、きっと嫌いになってしまうと思います。

「ケーキが好きだからケーキ屋さんになる」？

「好きなことを職業に」を疑ってかかる必要があるのは、特殊な職業にかぎった話ではありません。たとえば「ケーキが好きだからケーキ屋さんになる」夢を持っていたとします。そのこと自体を否定するつもりはありませんが、実現しなかった（できなかった）場合も想定しなければなりません。

「ケーキ屋さんになりたい」のであれば、「生地の配合が得意」なのか「焼くのが得意」なのか、それとも「デコレーションが得意」なのかまで、細かく見ていく必要がありそうです。

もっといえば、「新しいレシピを考案することが得意」なのか、それともただ「食べることが好き」なのか……ここまで分解して考えてもいいかもしれません。

生地の配合や焼くことが得意なのであればケーキ以外のお菓子作りも得意としそうですし、シェフにだってなれるはずです。ものをつくる仕事ということでいえば、メーカーで働くエンジニアなんかにも適性がありそうです。

「自らの手でものを作る」ことが得意であると自負しているなら、建設業なんかも視野に入れていいでしょう。

建設業を具体例で挙げると、内装を担当するクロス職人は店舗や住宅に合った壁紙を提案、手作業でズレやいっさいの歪みなく貼りつけていく仕事なので、ケーキ作りのな

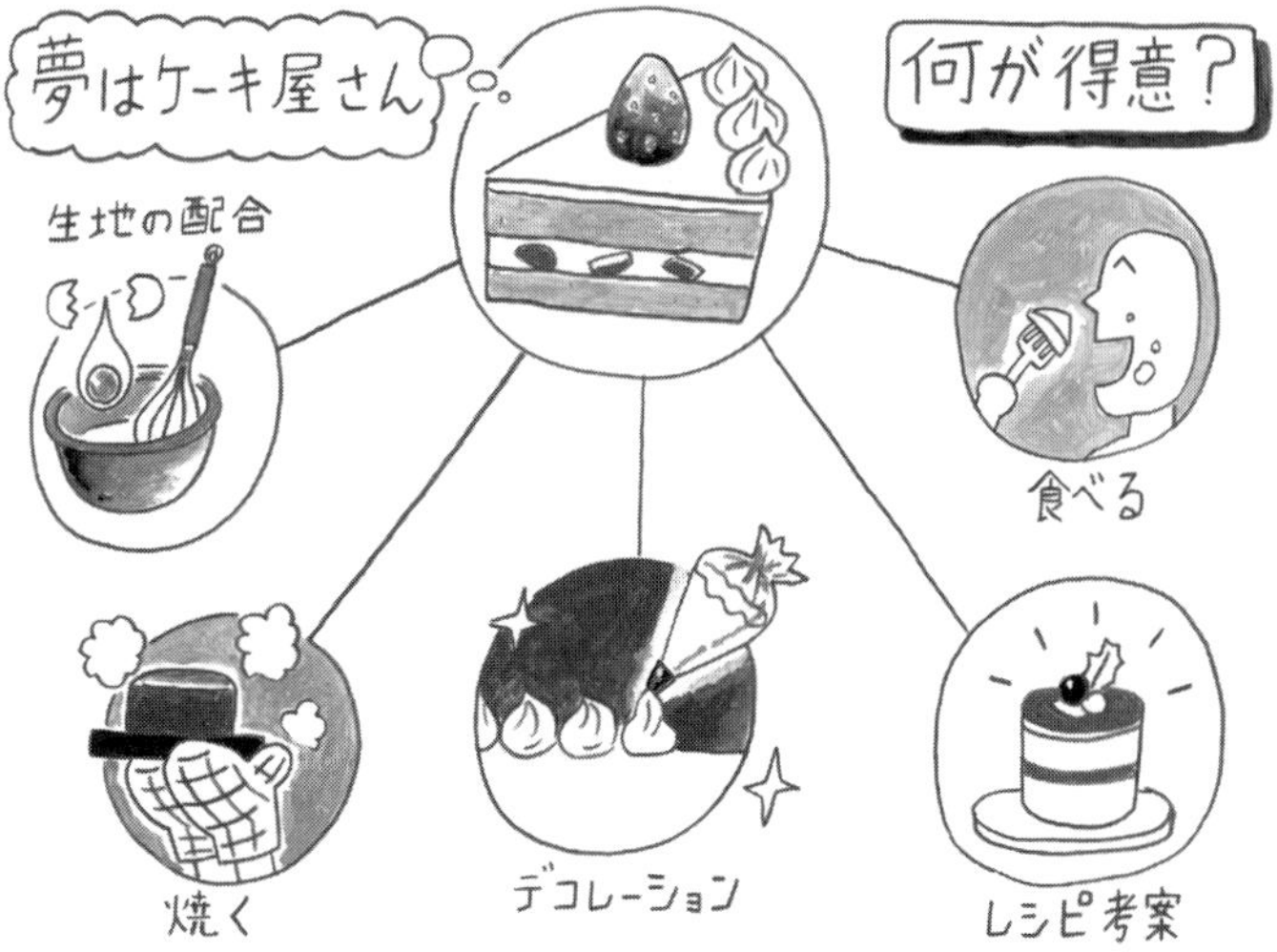

かでデコレーション作業に求められる「正確さ」や「丁寧さ」と類似する能力が求められていそうです。

デコレーションを「美しく飾り付けを行う作業」ととらえるなら、本の装丁やWebデザイナーなど、デザインに関わる仕事だって向いている可能性があります。

美観を損ねないよう「詰めをおろそかにしない」能力に注目するなら、1円たりとも計算ミスをしていけない銀行員の仕事だって苦に感じないかもしれません。

食べることが好きでいろんなケーキ屋さん巡りをしているならその知識を活かして飲食店を紹介するメディアにたずさ

われるかもしれませんし、なにかひとつのものに対し人並みならぬ探究心を燃やせるなら研究職だって視野に入れてもいいのではないでしょうか。

「好きなことを仕事に～」とアドバイスされ、「自分の好きなことでお金を生み出せる職業はなんなのか……」と悩む人は少なくありませんし、特定の職業を「天職」と自分にいい聞かせるために無理やり「好き」を探す人もいます。

あげく「好きなことなんてない！」「私の好きなことはお金を生み出さない！」「そもそもなれない！」なんて絶望に浸ってしまう可能性も考えられますが、これはある意味当然のようにも思えます。

いくら頭のなかでシミュレーションしたとしても、百聞は一見にしかず。やってみたことのない仕事が「好き」かどうかなんてやるまえからわかるわけがないですし、好きなことがそのままお金に結びつく職業に就けるのはおそらくまれなことだからです。

「他人にとっては困難だが自分には容易にできること＝得意」を把握

だからこそ、「好きなこと」や「職業ありき」ではなく、自分の能力から逆算して仕事の選択の幅を広げていく視点も持っておいて損はないと思います。

「他人にとっては困難だが自分にはできること＝得意なこと」

これを把握しておくことで、自分に合った職業の選択肢は増えるはずですし、何度だって将来を描きなおせる手助けにもなってくれます。

ヒモの僕に職業の心配をされるのも変な話ですが、自分に向いている職業とはなにか悩んでいるという場合には、「好き」と「職業」と「能力」を切り離して考えてみるのも手だと思います。

そして、ここで注視すべきは「能力」です。

「能力」の判断基準は（ここでは）毎日「努力」をつづけて苦しくないかどうか。

もっといえば、周りから見れば「努力」ととらえられがちであるものの、自分は特に苦労に思わないでできること。これこそが「能力」だと思っています。

もちろん、努力を無駄なことだとは思っていません。

なにかを成し遂げるために多くの場合、努力は不可欠です。

しかし、オリンピック選手やアーティストのいう「努力すれば必ず夢は叶う」は必ずしも本当とはいい切れないのは、みんなが知るところです。

だれだって、努力のみで目標が達成できたら苦労しないでしょう。

インタビュー取材などで会社の社長さんに話を聞くと、だいたい昔の苦労話が出てきます。もちろんそこから学ぶべきことはたくさんあるのですが、どんなに苦しい局面でもその人は「努力をつづけることができた」点にもちゃんと着目をするべきだと思うのです。

いいかえれば、その人は毎日つづけることのできる領域だったからこそ努力ができたし、その結果事業を成功させることもできたわけです。

根性、やる気といった気持ちの話ではなく、つづかないものはつづきません。

「好き」を作れる感情だと思っている僕は、職業に昇華しうる「好き」もある種の思いこみや錯覚だと考えています。

苦に思わない仕事をこなしているうち、向上心を持ちはじめるようになり……愛着すら湧いてくるのは、やっぱり「みんなができないが僕はできる」ことをつづけるだけでほめてもらえるからなのだと思います。

「ほめてくれるなら、もっといいクオリティにしたい」と思うわけです。

特定の職業に燃えている人なら話は変わってくるのかもしれませんが、よほどの執心がないかぎり、ほめられなきゃやる気なんて出ません。

働く意味がよくわかっていない僕であればなおのこと、「ほめられるかそうでないか」はギャラ以上に重要なことなのです。

好きなことがそのまま職業として自分に向いているかどうかは別の話。

好きなことを毎日つづけられるかどうかもまた別の話。

それならば「好きを仕事に」と考えるよりも、「得意／不得意」をそれぞれ把握し、「好きになれそうな仕事を見つけること」の方がよっぽど効率的で、自分にとっても有意義なように思えます。

でも、目標を持つなといっているわけではない！

しかし、どうせ自分にとって不得意なことはつづかないのだからはなから目標なんてかかげるのは意味がない。得意なことだけ一直線で探せ！　といっているわけでは（矛盾しているようですが）まったくありません。

ライブイベントのMCをやっていたころ僕は数えきれないほどのミュージシャンを見てきたのですが、「武道館でライブをしてビッグになってやるぜ」と誓ったり、本気でプロデビューを目指す目標を立てたりする人がたくさんいました。

能力にかぎらず時の運も絡んでくる世界なので、「いつか報われる」と信じていた努力が必ずしも成果に結びつくとはかぎりません。

でも、「プロデビューを目指した時間は無駄な努力だった」というわけでは決してないということもまた強調したいのです。

初めこそプロデビューを志していたものの、バンド活動に向いていないという理由からスタジオミュージシャンに転向した人、裏方志向が強くPAになった人、音楽よりもアルバムジャケットを撮影する方が楽しくなってしまい、カメラ店に勤めはじめた人だっています。

これらの転向は、音楽活動に打ちこんでいたからこそ現れた選択肢、決して志半ばで折れて妥協した結果ではないと思います。

目標に向かう道すがら自分の得意なことを見つけ、そちらの道に進路を切り替えることは、いままで自分が築きあげてきた資産や技術などの投資分を全部〝おじゃん〟にしてしまうことではありません。

むしろそこまでの蓄積がなければ別の道すら見えてこなかったはずです。

初志貫徹も大切なことですが、結果だけでなく過程も大事であることは、ルート変更時にこそ役立ったりするのだと思っています。

得意なことを得意な人がやればいい

なぜヒモの僕がここまで「職」について考えているか。それは、

「逃げつづけた結果として、苦手なことはつづかないとわかったから」

「なんとか楽して人生をサバイブしていきたいから（会社に勤めない理由をたくさん考える

時間があったから）」

なのですが、そもそも職業を考えるうえで「能力」に焦点をあてたのは、僕のヒモ生活そのものが「得意／不得意」を明確にしたうえで、お互いの能力を補いあうことで成りたっているからです。

家事が得意な方が家事をやればいいし、出世欲が強く外に出て稼ぎたい人が稼げばいい。

すごくシンプルな話です。

当人たちさえよければ性別や世間体なんて些末なことだと思っています。

もし僕が女性だったら、

「毎日家事をして会社までお見送りをしたうえ、自分のおこづかい程度は自分で稼ぐなんて……世間的にはいい彼女といわれるのでは？」

と考えたりもします。

家事をやる人に対し「主婦」「主夫」と性別が強調されていることもあまりピンときません。やれる方がやる。これだけです。

お互い「苦労がない」と感じる作業を分担できる関係性ならストレスだって溜まりづらいのです（相手も僕なしでは生活できなくなるので寄生先の居心地もよくなります）。

会社で働きたくないことを堂々と書いてきたとおり、僕は自分自身が仕事や社会でどうこうなってやろうなんてみじんも思っちゃいません。

稼ぎたい人が稼げばいいですし、大企業で働きたい人は働けばいいと思っています。

プロヒモに学ぶ！

恋愛相談塾

2

極論、浮気や不倫はダメなの？

プロヒモはこれらをどう考えているの？

恋愛観がぶっ壊れたヒモからいわせれば、浮気は「面倒ごと」です。お金を使ってさらに家を失うリスクをとるなんて、正気の沙汰とは思えません。

仮に魅力的な女性とこれから出会ったとしても、友人を紹介することで僕は飲み代をタダにしてもらったり交友関係を広げていくような付き合い方をしたりするでしょう。

……しごくまっとうなことをいえば、浮気をどう考えるかは僕や浮気をたくらむ人でなく、パートナーの判断次第でしょう。パートナーが嫌な思いをするなら止めておくのが無難ですし、他方で異次元的な性癖・性欲はほかで解消してほしいなんてカップルもいるそうなので、僕が口出しする余地はないように思います。

不倫や浮気にはバレずに墓まで持っていけばよいという意見もあります。一理ありそうですが、一生墓まで秘密を持っていくことは簡単じゃないうえにしんどそうです。浮気／不倫している・されている人、どちらの相談も受けますが、双方いつも辛そうなことばかりいっていますよ。

それでもおさえられないマイハートならパートナーとは別れた方が面倒ごとは少なそうですし、特定の相手と2人でいることは自分には向かないことを念頭に置き、自分と似たような考えを持つ人と関係を持てばよいのではないでしょうか。

極力面倒なことを避けたいヒモは、浮気なんてコスパの悪いことはしたくありません。

Chapter 6

プロヒモが従うのは自分の価値基準

14 社会的地位や年収は比較したってしょうがない

屋根・壁代を浮かしたい思いから継続させているヒモ生活。

家賃や光熱費を浮かせられることにこそ贅沢を感じているので、お金にあまり頓着がないように思いますし、物欲も他人と比べるとうすいような気がします。

服だって、すりきれて布同然の服を着ていることをみすぼらしく思った彼女に支給されているにすぎませんし、スマートフォンだって5世代くらいまえのボロを無理して使っていたことを不憫に思った彼女が買い与えてくれたものです。

高い料理や車にも興味がありません。彼女はどう思っているか知りませんが、とりたてていい家に住もうとも考えていません。

家にある荷物も9割は彼女の物、僕の私物は実家にある物を合わせてもダンボール2箱に収まってしまうのではないでしょうか。卒業アルバムなどの思い出の品なんかもどっかやってしまったか、捨ててしまったように思います。

最近流行りのミニマリストを気どるわけでもないですし、昔から物欲がなかったというわけでもありません。

自己顕示欲を満たすための高級品を身につけたり、不必要な物を持ったりすることに興味がなくなってしまったのはいつのころからか……。

オシャレバトルフィールドと化した学園 俺のクロムハーツが砕け散った

僕は中高時代を千葉県に所在する男子校（現在は共学）、市川学園ですごしました。

1学年が12クラスもあるマンモス校だったのですが、いつからか生徒同士の間でオシャレのパラメーターができあがります。

思春期ですしオシャレに関心を持つのは自然なことだと思いますが、出身の家の貧富の差が激しかった当学園のオシャレの尺度は、センスや着こなしではなく、「金額」が大部分を占めていたことが問題でした。

身に着ける衣服が「高い＝カッコいい＝強い＝偉い」パラメーターのもと、生徒間で熱いバトルが繰りひろげられていたのですが……学校に数十万のロレックスを付けてくる人もいましたし、学ランにエルメスのバーキンを合わせて登校する猛者もおり、その金額は青天井だったのです。

いま考えると馬鹿げているのですが、「身につけている衣服のトータル金額をもって戦闘力とする」潮流には僕も乗っており、芸能人の私服を披露するテレビ番組で見かけたクロムハーツの指輪とネックレスをバイト代で購入したのです。

分不相応もはなはだしいのですが、当時の僕は友達にはうらやましがられることで、「総額で50万弱の衣服を身につけている僕がバイクで学校にきたよ」と得意気になれていたんです。

転機はある日、高身長のイケメン同級生が体育の授業で身につけていたパーカーがもの凄く格好よく見え、どこで買ったのかたずねにいったことでした。

彼いわく、そのパーカーは「古着で390円」だそうです。

その瞬間から、僕は学園内のオシャレバトルフィールドから降りることにしました。分不相応はおろか、鏡をよく見たら全然僕に似合っていないんです。

指輪もネックレスもその日のうちにバンド活動にあけくれていた友達にあげてしまいました。

アクセサリーは舞台映えしそうでしたし、なににもまして僕よりもその友達が持っていた方がクロムハーツも喜ぶような気がしました。

当時の僕はクロムハーツに「50万円分の高い下駄」としての価値を見いだし、自分の価値を上げてモテたかったんだと思います。

しかし「390円のパーカー」を着たイケメンの方がカッコいいんです。その瞬間になにもかもバカバカしく思えてしまいました。

イケメンにはなにをしたってかなわないということではありません。

社会的に価値のあるもの（金額・ブランド）は、必ずしも自分の期待する効果をもたらすとはかぎらないことを悟ったのです。

そんなことで「悟った」なんて大げさに思われるかもしれませんが、当時の時給が1000円だとして、土日に丸1日バイトに入ってもらえる金額は週2万円ほど。月に8万円とすると、50万といえば半年以上休まずにバイトして稼ぐ金額です。仮に月収が20万円の人であれば……150万ほどのお金を注ぎこんだこととおなじです。

高校生がそんな大金を使ったあげく虚しくなってしまえば、これ以上高い金額のアクセサリーを身につけたところで僕自身の価値が上がるわけではないことくらい嫌でも悟りますし、そのおつりで他人と比較したって際限がないこともわかるようになります。

その気になれば比較してどこまでも落ちこめる

比較とはなにも身につける衣服や住居、普段使っている美容室のカット代金だけではありません。パートナーをステータスでとらえることや、就職した会社の知名度や給料を比べることなんかも全部そうでしょう。

僕の場合は学校の狭いコミュニティの価値基準でしたが、社会が定めた「偉い！すごい！」基準と自分を比較してしまおうと思えば際限はありません。

僕の彼女は商社に入った同期と自分をよく比較をして落ちこむことが多いのですが、では仮に商社に入ったとして、今度は会社内で仕事ができる人や独立して起業する人、より高い給料をもらっている人と自分を比較して落ちこむことが目に見えています。「活躍する女性」というカテゴリーで比較すれば、小池百合子にマーガレット・サッチャー、吉田沙保里にエマ・ワトソンとだって比較できます。

もっといえば、「あの人は○○歳のときに偉業を達成している」なんて切り口でクレオパトラやジャンヌ・ダルクなど歴史上の人物を持ちだしてまで比較し、落ちこむこともできてしまいます。

「際限がない」とは、「終わりがない」ということです。

いったいどこまで行ったら満足できるのでしょうか。

彼女のほかにも逐一比較して落ちこむ人がいますが、僕には「比較して落ちこむことが好き」な不器用な性格に思えてしまいます。

「周りよりもいい年収をもらう！」

「だれしもが憧れる家庭を築く」

こういった比較を前提に立てた目標は、叶える道中も比較の連続なのでずっとしんどい状態がつづきます。

よしんばそういった目標を達成したとしても、外部の基準にのっとった目標であれば自分が真に満足できるものかどうかの確証はありません。

仮に社会が求める満点像があるとして、僕は社会に対しては50～60点くらいでいい……いや「ちゃんと外では服を着ている」程度の赤点すれすれをもってクリアとしても問題ないように思います。

そもそも世間の満点像だって流動的

比較の先に満足がおとずれないばかりでなく、社会の提示する満点像だって流動的であることにも着目したいです。

拝金主義のいまの世のなかでは、お金持ちと貧乏を比較したとき、「お金持ちの方が偉いし、勝っている」風潮があたりまえとされています。

しかし貧富の差がこれまでにないほど広がったいま、「所有こそ傲慢」なんて価値基準だって生まれるかもしれませんし、「富を自分のところだけでせき止めるなんて意地汚い」という尺度がスタンダードになった結果、「無生産・無消費の人ほど偉い」と価値観に革命が起こることだってあるかもしれません。

美醜の基準も時代や国によってバラバラです。

太っているほど美しいとされる国もあれば、人体に悪影響を及ぼさんほどに筋肉をつけることこそが美徳とされる国もあります。あなたが美しいと感じる人だって、それは後天的に刷りこまれた尺度に当てはめているにすぎません。

もちろん、後天的に刷りこまれた価値観を払拭することは不可能です。

僕も「金に頓着がない」なんて書きましたが、だれかが1億円くれるっていうなら喜んでもらいますし、そんな太っ腹にはもう100万円くらいくれないかどうか追加を打診してみると思います。

しかし世間の「良し」を自分の軸にすえ置き、その基準のみで自分を満たそうと思えば際限がありません。満点を取ろうにも、その基準すら流動的なのでまず不可能。こんな基準にいくらすがったって、いつまでたっても満足は得られないのではないでしょうか。

世間の価値基準は「あるに越したことない」くらいでちょうどよく、世間のそれとは別に、自分自身の基準をもうけておくことが重要だと思います。

社会的には赤点すれすれでも、自分自身に120点をあげられればそれでいいのではないでしょうか。

みんなが「良し」とするものを「選ぶ」よりも、自分こそが楽しめる価値基準を「作る」といいかえることもできそうです。

そうすればもう怖いものはありません。自分の基準でいくらだって自分をほめることができますし、反省だって自分のさじ加減ひとつ。なによりも、他人と比較して落ちこむなんてことはなくなります。

僕と同い年の方にはヒカキン、香川真司、テイラー・スウィフトなどがいます。財力や社会的地位だけでなく、特異な生き方という点においても、比較しようものなら僕は一瞬たたずして消し飛びます。

「あえてこういう生き方を選んでいるだけなんで」なんて虚勢を張ることもできますが、そんなことをしたって僕自身が楽しくないことは明白です。

仮に同じ生き方が提示されていたとしたって同じように生きることもできないですし、僕は本来なら努力でなんとかせねばならない嫌なことから逃げつづけられればそれで満足なので、比較する理由も見つかりません。

自分の満足に軸があれば、年齢や性別関係なく凄い人に「すごい！」と思うことはあっても「悔しい！」なんて思うことはなくなるのです。

15 恥ずかしくない人ってそもそもなに？

落ち込んで辛い思いをするのも、自分と他人を比較して起こる現象です。

「自分を恥じる」という感情だって、「他人と比較して」「世間の価値基準と自分を比較して」起こるものです。

仮に素っ裸でも、無人島で1人なら恥ずかしくありません（たぶん）。

恥じるためには人の目線や比較が不可欠なのです。


まずは「恥ずかしくない人」から考えてみてもいいかもしれません。

正しくは、「どこに出しても恥ずかしくない人」です。

「どこに出しても」ということは、そこかしこで共通する「決まりごと」が無数に存在するということを意味します。

それは、「学歴」「キャリア」「年収」「交友関係」「私生活にいくらお金を使っているか」など従えば従うほど社会的に「うらやましい！」と思ってもらえる尺度のことであり、ズレればズレるほど「恥ずかしい」と思うように私たちは小さいころから教えられてきた基準です。

「いい歳してまともな職についていない……」
「大学生なのに彼氏彼女のひとつもいないなんて……」
「早稲田まで出たのにヒモなんて……」

どれも頭に「本来なら」が省略されています。
ですが比較に際限がないこと、その「本来」ですら時代や国、コミュニティによっても流動的であることはくりかえし書いてきたとおり……従うことで自慢こそできますが、万人の満足を約束してくれるものではないはずです。

成功像の実体はどこにも存在しない

世間のいう「成功像／失敗像」だって疑ってかからねばなりません。

自分の人生を失敗させようなんて考えて生きている人はだれもいないでしょう。できることなら成功したいし、少なくとも自分の人生を悪いようにはしたくないはずです。

しかしながらその「成功／失敗」も、お金の有無を中心としたあいまいなイメージばかりが先行しており、実体はどこにもありません。


一般的な「成功像」でいえば……暖炉のある部屋でロッキングチェアに座りブランデーグラスをまわしながらやたら毛の長い愛犬をなでる老紳士、タワマンに住んで高級車を乗りまわすIT企業の社長なんかが想像されるでしょうか。

女性だったら適齢期に結婚・出産をし、子どもをいい大学まで卒業させる、なども成功像として語られるでしょう。

しかし、老紳士がそのロッキングチェアに座るまで仕事しかしてこなくてお金を使う余裕がまるでなかったり、パートナーに恵まれなかったことへの孤独を癒すために犬を飼っていたりするのであれば……必ずしも成功とはいいがたいのではないでしょうか。

IT社長だって、見栄を張るためだけに高級品ばかりを選んでいるのなら、やっぱりほかに誇れるものがなさそうに思えてしまいます。

勝ち組専業主婦も本当はバリバリ働きたかったにもかかわらず、出産を機に退職する決断をしたのかもしれません。

もちろん老紳士だって仕事こそが生きがい、ＩＴ社長だって値段ではなくその車や家に自分なりの価値を見いだしていたり、専業主婦も「結果よかった」と満足していたりする可能性だって大いにありますが、ステレオタイプの成功像が必ずしも万人にとって幸せといいきることはできないように思います。


逆に「失敗」のイメージは、ホームレスを想像する人が多いかもしれません。でも、「出家ののち、悟りを開いた人」ならどうでしょう。

おなじ持たざる者にもかかわらず、出家者を「失敗」と呼ぶことはできないでしょう。むしろありがたい人物として尊敬の眼差しが向けられ、人生の選択に迷ったときなどに教えを乞いに行く人も現れます。

そう考えると、おなじホームレスであったとしても「成功か失敗か」は肩書きひとつで評価が逆転することがわかります。

どの例にしたって、成功や失敗の像は世のなかにまん延しているものの、自分自身の成功や失敗には直接結びつかないこと、とらえ方ひとつでどちらとも取れることを強調したいのです。

平賀源内が成功者か落伍者かはとらえ方ひとつ

この像が一瞬を切り取ったものにすぎないものであることも考えなくてはいけません。

事業や株で大損をして莫大な借金を抱えた人も、わかりやすい失敗の画として想像されるでしょう。

しかし、あくまでそれは、百科事典の大失敗の項目に借金取りに追われているイラストが挿絵として最適であるだけで、前後の文脈は無視されています。

このあと、借金を返済して事業を復活させるかもしれませんし、自己破産をしたあとになにもかもどうでもよくなり新たな道に自分の生きる道を見つけるかもしれません。

切り取り方ひとつで評価がわかれることを説明するのにおあつらえ向きなのは平賀源内です。

夏にうなぎを食べる土用の丑の日を流行らせたり、静電気発生器「エレキテル」を開発したりしたことから才覚にあふれた人物像ばかりがフォーカスされる彼は、後世まで名を残すほどのチヤホヤされっぷりです。

しかし彼が酒に酔い、勘ちがいから大工の棟梁2人を殺傷、破傷風で獄中死を遂げるという悲惨な最後を迎えることはあまり知られていません。

功績だけを切り取るなら平賀源内は偉人ですが、最後にだけ目を向ければ彼は殺人鬼です。

彼が成功者なのかそれとも人の道を踏み外した落伍者なのかは一概にはいえません。

彼が幸せな生涯を送ったかどうかなんて知る由もありませんし、まして他人が判断をくだすことなど不可能です。

人生成功も失敗も、僕が判断します。

成功／失敗だけではありません。「理想のカップル」「ザ・理想的な家庭」などありとあらゆる「あるべき像」は、どこまでいってもあくまで「像」。個人によって解釈もちがえば、社会が定義しきれてすらいない「フワフワなイメージ」以外の何者でもありません。

その切り取った画に自分を重ね合わせることのみを「成功／失敗」と呼ぶなんて悲し

すぎますし、もとより像としてただよっているだけ……その中身も流動的なので、成功も失敗も本当は存在すらしないと考えています。

「沖縄に暮らすヒモ」なんて社会的な尺度ではかったら、クズ以外の何者でもないでしょう。世間では働きざかりといわれる歳、僕は南の島で女性の家に寄生して安穏と生活しているわけですが、これも切り取り方ひとつといえるでしょう。

僕は同級生と比較すると貯金額は3ケタほどちがいますし、キャリアもなにも積んでいないため、堅気で生きていく道はほとんど残されていないように思います。

こう見れば僕はもう「人生大失敗」です。

早稲田まで出たことが出来損ないとしての風格をより際だたせます。

しかし暖かい島で好きなゲームの記事を書き、苦労に思わない家事をすることで嫌な会社勤めをせずとも生きながらえているところだけ切り取れば「(トリッキーな)人生成功」とも取れます。

こんなどうしようもないやつでも生きているんだから自分は大丈夫、と思ってもらいたい思いもあるので、僕のことを見下すことで活力になるならそれも全然ありだと思っていますし、僕はいまの生活に満足しているので特に問題はありません。

そのうえで、仮に社会にただよう成功像にかぎりなく近づいたところでだれもあなたのことをくわしくは見ていません。

自分の成功談を自慢でもしようものなら、「自慢をするくらいしか報われることがないんだな」と思われるでしょうし、あなた自身もその場は優越感に浸れても、1人ベッドに横になったときに虚しさが襲ってきそうです。

ネットでは、マンガ『少女ファイト』に出てくる、「お前がそう思うんならそうなんだろう。お前ん中ではな」というセリフが、相手を挑発するときにたびたび用いられます。

僕からすれば、「それのなにがだめなんだ!」と思います。

結局判断するのは自分自身なので、成功も失敗も幸せも不幸せも自分で解釈して決めればいいですし、もっといえば僕の人生が成功か失敗かだって、どうだっていいと思っています。

16 夢や目標も点でなく線で語られるべき

「将来の夢＝職業（に就くこと）」なのはなぜ？

人生における成功や失敗はチヤホヤされたりお金をたくさん稼いだりすることだけの話ではありません。

希望の職に就く、夢や目標を叶えることをもって成功と考える人もいるでしょう。


ところで、僕には昔からどうしても納得のいかないことがあります。

それは、幼稚園で描かされる「将来の夢」の絵です。

「将来の夢を自由に描いていい」とはいうものの……なぜか描かれるのは特定の職業です。

女の子は「お花屋さん」「ケーキ屋さん」、男の子は「野球選手」「サッカー選手」など、よくある回答のなかから選んで将来の夢を描くということにかなりの違和感をおぼえます。

ちなみに僕が幼稚園のころはJリーグが誕生したばかり（1993年）ということもあり、男の子の将来の夢は「サッカー選手」一択でした。

空前のサッカーブームのなか、TVのCMにはラモス瑠偉元選手が起用され、お菓子のオマケにもJリーググッズがたくさん使われていたことをおぼえています。

そのため、園児の自由時間も「自由」とは名ばかり、そのほとんどはサッカーをする時間だったのです。

そのようなサッカーブームの渦中ですから、男の子たちはみんななんの迷いもなく「サッカー選手」の絵を描いていたのですが、僕はそのころ自他ともに認める肥満児で、スポーツというスポーツが大の苦手。サッカーも嫌いでした。

しかし、そんな僕でも将来の夢の絵には「サッカー選手」を描いてしまいました。

当時の僕は漠然と「コアラを見に行きたい」くらいしか将来の夢を思いうかべていませんでしたし、なぜ「将来の夢＝なにかしらの職業」なのかもわかりませんでした。

とはいえ、将来の夢に「コアラを見に行きたい」と描いたらなにか面倒な質問が飛んできそうな気がしたので、周りに合わせることでお茶を濁しました（このことも「波風を立てたくない」ひとつの「逃げ」ともとれそうです）。

「将来の夢」を1枚絵のイラストに描かされることもしかり、夢や目標も、瞬間的な側面ばかりが切り取られすぎているような気がするのです。

サッカー選手でも商社に就職でもなんでもいいのですが、希望の職業に〝就け〟さえすれば、それで目標が達成できたことになるのでしょうか。

サッカー選手になりたいのなら、サッカーがそれほどメジャーでない国におもむきチームを作ればその国の代表になれますし、いまは資本金が1円からでも会社を設立することができるので法的費用や謄本などを合わせても50万円以下で起業が可能。商社を立ち上げれば即日商社の社長になれます。

「武道館でライブ」が目標だとしても、武道館は個人でも数百万円で借りることができるので、メジャーデビューを果たさずともライブが可能です。

詭弁をならべましたが、これらを達成することが夢や目標を叶えたことにはならないことはいうまでもありません。

サッカー選手であれば「どういうプレイヤーになりたいか」、商社に内定をもらうこともゴールではなく、そこで「どんな仕事をしたいか」、武道館でライブをするにしたって「自分を応援してくれる人にどんな感動を届けたいか」、に真価があるのではないでしょうか。

大学受験なんかもいい例です。入学してから受験期以上に勉学にはげむ人は少数です。世間で語られる目標は、点にすぎないことが多いように感じます。

その点を通過したからって永久に満足が持続するわけではありません。

なぜ夢は職業や肩書きと結びつけられるのでしょうか。

仮に職業だとしても、なるまでの過程やなってからの話といった線で語られるべきことではないでしょうか。

「自分自身がどう生きていきたいか考えて判断していくこと」

これこそが大事であると思いますが……世間一般に語られる夢や目標は、中身がスッポリ抜け落ちてしまっているように思えるのです。

「ヒモ」からも逃げる「ヒモ」

夢や目標は点ではないはずですし、そもそも僕にとってみれば「将来の夢＝職業（に就くこと）」と決めつけてかかっている姿勢からしてあまり理解ができません。

僕は人からいわれて初めて「ヒモ」であることに気がついたヒモです。解釈しやすいようにとらえてもらえれば肩書きはなんでもいいですし、自分が何者であるかにも興味がありません。なりたい職業だってありません。

「どう生きていきたいか」なんて、先ゆき不透明なヒモの発言とは思えません。

僕は「楽か楽じゃないか、楽しそうか楽しそうでないか」だけを指針に生きているので（「能天気にもほどがある」なんてツッコミはいったん置いていただきたいのですが）、「やりたいこと」だけはたくさん持っていて、夢はふくらむばかりです。

最近は、エジプトのダハブでフリーダイビングをする夢ができました。ダハブには世界中のフリーダイバーが憧れるブルーホールがあって、街にはネコがたくさんいるらしいのです。

僕はエジプトといえば砂漠とスフィンクスのイメージくらいしかなかったので、そのギャップにも惹かれてしまいました。

あとはドバイに行って一度バカラでスってみたり、アメリカはニューオリンズでヴードゥーの呪《まじな》いなんかも受けてみたりしたいです。

行ったことのない国の旅本を想像だけで書くことや、喜びの表現方法としてバック転も習得したいですし、人生で一度も作詞・作曲をしないのもちがう気がします。僕のハッタリが必要とされる友達の助けにもなりたいです。

「毎日楽しく生きたい」が指針。いろんな経験をしてそのことをネタに友達とおしゃべりができてさえいれば、僕は幸せなのだと思います。

もちろん僕の目標を叶えるのにだってお金が必要なので、必要とされること、苦に思わないことでお金がもらえればそれに越したことはないでしょう。

ダハブに行きフリーダイビングをしたい目標は、沖縄に来てからできた夢。

いいようによっては、嫌なことから逃げた先で見つけた目標です。

沖縄に来てから、新しい友達やなじみのバーもでき、東京で生まれた仕事を沖縄で暮

らす人につないだり、沖縄での案件を東京の友達に投げたりすることもできるようになって、さらに自分の得意分野に輪郭が帯びてきたような気もします。

そう考えると、目標もまた流動的です。ダハブにいったあとにまた新しい目標やつながりができれば、もっと「楽しそう」な夢がふくらんでいくのかもしれません。

おわりに　〜飼い主彼女からの謝罪、うちのヒモが偉そうにすみません〜

原稿締め切り間近になりふくみんが「僕は12万文字も書いたんだ！　やれることはやった！　おわりには君が書いた方がいい。そうしよう！　その方がヒモの本として面白い！」と「おわりに」を押しつけていきました。

こんにちは。ふみくんの飼い主です。

さて、うちのヒモが長々と偉そうなことをすみませんでした。ふみくんは本でいろいろ詭弁を書いておりましたが、ヒモのいうことなんで許してやってください。

ここまで読んでくださった方のなかには、狐につままれたような、そんな気分でいらっしゃる方もいるのではないでしょうか。

はじめこそ「ヒモの幸福論なんてふざけているに違いない」と思われたかもしれませんが、最後では「あれ、ふみくんのいうことも少しわかるかも？」と感じられたかもしれません。

しかし、半信半疑で聞き流すくらいがちょうどいいでしょう。

社会のいろんな見えないルールやあたりまえのことにいろんな屁理屈をこね、自信満々にいい放つ。それこそふみくんの手口なのです。


私もはじめのころは「ご飯もお弁当も作ってもらえるし、苦手な洗濯もやってもらえるなら超楽」と思う反面「時間を有効活用すればいいのに」なんて考えていましたが、昼間からゲームをするにも『ゼルダの伝説』をクリアできる人とできない人、俺はクリアできる側の人間でいたい……」など破綻しているトンデモ理由を強調しながらゴロゴロするヒモを許してしまうようになるのです。恐るべしですね。

とはいえ、そんな妖怪のようなふみくんを飼っている理由は家事以外にもあります。

抽象的な言い方になってしまうのですが、私は「働いている自分」「外部できちんとやっている自分」をふみくんを通して確認しています。

私が社会人としておかしくないかどうかを測る指針としても見ています。

同時に、仕事がシンドいときなどは「ふみくんくらいサボっててもいいんだな」と思ったりもできるので、ヒモの生態を確認しているだけで精神安定につながったりもするのです。

私はどちらかというとガンガン外で仕事をすることに自分を見出していますし、ふみくんとは真逆で「あきらめないでやりつづけるタイプ」です。

水と油のようにも見えますが、仕事で無理が生じたときなどは私の代わりに斜め上の角度から肯定してもらえることもあるので、自分にないフザけた目線を代行してもらうこともあります。

本書では、そんなふみくんのいいわけたちが日々の小さな事象から人間関係までまとめられています。この本の有効活用のひとつとして、ふみくんのいいわけ集のなかから自分を楽にするちょっとした屁理屈を一部借りるというのもありなのではないでしょうか。

最後になりますが、素敵な帯文をお寄せいただいた栗原康様、山本さほ様、誠にありがとうございました。

また本書の刊行にあたって二見書房のみなさま、なかでも担当の森岡彩乃氏には大変お世話になりました。ふみくんに代わり、深く御礼申し上げます。

ふみくんの飼い主

ふみくん

1989年生まれ。本業プロヒモ、副業ライター。早稲田大学人間学部卒。在学中からこれまで一度も会社勤めをせず、10年以上10人の女性に家事を施しヒモとして生活を送ってきた。現在は沖縄の家で南国暮らしを満喫中。日刊SPA！にてヒモ生活が取りあげられる（「浮いた家賃1000万円。ヒモ歴10年のプロが語る女性に可愛がられて生きるコツ」https://nikkan-spa.jp/1644865）。

デザイン　小口翔平＋三沢稜＋須貝美咲（tobufune）
イラスト　谷端実
DTP　横川浩之

超プロヒモ理論

浮いた家賃は1000万、寄生生活13年の逃げきり幸福論

2021年7月25日　初版発行

著　者　ふみくん
発行所　株式会社 二見書房
東京都千代田区神田三崎町2-18-11
電話 03（3515）2311［営業］
電話 03（3515）2313［編集］
振替 00170-4-2639
印　刷　株式会社 堀内印刷所
製　本　株式会社 村上製本所

落丁・乱丁本はお取り替えいたします。定価はカバーに表示してあります。

©Fumikun 2021, Printed in Japan.
ISBN 978-4-576-21099-5
https://www.futami.co.jp/

二　見　書　房　の　本

新装改訂版

日本茶ソムリエ和多田喜の
今日からお茶をおいしく楽しむ本

和多田 喜

茶葉ひとつで無限に広がる日本茶の世界。
ふだん何気なく飲んでいるお茶が
もっとおいしくなる秘訣、たっぷり伝授します！

煎茶の茶葉でお手軽につくれるおいしいお茶
…一杯茶、かおり冷茶、氷冷茶、あじかおり茶 etc.

絶　賛　発　売　中　！